RICH

Mój biedny ojciec często mówił: „Ważne jest to, co wiesz”. Bogaty ojciec natomiast powtarzał: „Jeśli chcesz być bogaty, to to, kogo znasz, jest ważniejsze od tego, co wiesz”.

Bogaty ojciec wyjaśniał potem: „Biznes i inwestowanie to gry zespołowe”. Przeciętny inwestor lub właściciel małego biznesu przegrywa pod względem finansowym, ponieważ nie ma zespołu. Zamiast tego działa w pojedynkę, przez co jest deklasowany przez bardzo mądre zespoły.

To właśnie dlatego powstała seria książek „Doradcy bogatego ojca”. Dowiesz się jakiego rodzaju ludzi szukać do swojego zespołu i jakie im zadawać pytania, tak abyś i Ty stworzył swój zespół świetnych doradców.

Robert Kiyosaki

O serii książek „Doradcy bogatego ojca” dowiesz się więcej na stronach internetowych: www.BogatyOjciec.pl/doradcy

ABC
Jak inwestować w nieruchomości

Znajdź ukryte zyski,
których większość inwestorów
nie dostrzega

KEN MCELROY

.ipe. Instytut Praktycznej Edukacji

Celem tej publikacji jest dostarczenie odpowiedniej i rzetelnej informacji związanej z opisywanymi zagadnieniami. Przepisy prawne i ich zastosowanie są często różne w poszczególnych krajach. Ponieważ każda sytuacja jest inna, indywidualna porada powinna być dostosowana do tej sytuacji i wpływających na nią okoliczności. Dlatego zaleca się czytelnikom, aby w konkretnej sprawie konsultowali się ze swoim doradcą.
Przygotowując tę publikację, autorzy dochowali należytej staranności i są przekonani, że fakty przedstawione w książce są zgodne z czasem ich opisu. Autorzy i wydawcy nie ponoszą żadnej odpowiedzialności za ewentualne błędy lub pominięcia. Autorzy i wydawcy nie ponoszą odpowiedzialności za praktyczne wykorzystanie informacji zawartych w tej książce. Informacje te nie mają służyć jako porada prawna, finansowa lub inna odnosząca się do konkretnej sytuacji. Mimo że treść książki jest oparta na prawdziwych wydarzeniach, niektóre z nich zostały podane w formie beletrystycznej, która ma ułatwić czytelnikowi edukację.

www.richdad.com

Przekład
Paweł Dereziński

Redakcja i korekta
Agnieszka Kajak
Magdalena Misuno

Okładka i skład
Maciej Budzich, Żaneta Gliwa
www.blog.mediafun.pl

ISBN 978-83-61008-04-0

Instytut Praktycznej Edukacji

ul. Storczykowa 9, 86-031 Osielsko
tel./fax 052 581 30 29
email: ipe@ipe.com.pl
www.BogatyOjciec.pl

Podziękowania

Książkę tę dedykuję mojej cudownej żonie Laurze oraz moim pełnym energii chłopcom – Kylemu i Kademu. Dziękuję Wam za nieustanne wsparcie i zrozumienie, na które mogłem liczyć podczas pisania tej książki.

Chciałbym podziękować Kathy Heasley, która w znacznej mierze przyczyniła się do zebrania mojej wiedzy, zdobytej w ciągu 15 lat inwestowania i zarządzania nieruchomościami, oraz uporządkowania jej podczas tworzenia poszczególnych rozdziałów tej książki (www.imsbreakthrough.com).

Specjalne podziękowania kieruję także do Roberta i Kim Kiyosaki oraz Sharon Lechter za to, że pozwolili mi dołączyć do zespołu doradców bogatego ojca, oraz do ich i mojego wspólnika Rossa McCallistera za to, że ani na chwilę nie przestali mnie wspierać w realizacji tego przedsięwzięcia.

Spis treści

PRZEDMOWA

Ucz się od eksperta

Odwiedź dowolną księgarnię, a przekonasz się, że napisano już wiele książek na temat inwestowania w nieruchomości. Może nawet – tak jak ja – przeczytałeś kilka z nich. Chociaż wiele z tych książek napisali ludzie, którzy twierdzą, że odnieśli finansowy sukces, to zauważyłem, że tak naprawdę rzadko się zdarza, że są oni profesjonalistami na rynku nieruchomości.

Jeden znany autor, piszący na ten temat, zarobił dużo pieniędzy na sprzedaży swoich książek poświęconych inwestowaniu na rynku nieruchomości, jednakże w rzeczywistości stracił na takich inwestycjach większość swoich oszczędności. Dziś nadal dużo zarabia, sprzedając te książki i pobierając wysokie opłaty za uczestnictwo w swoich seminariach. Inny dobrze znany autor jeszcze kilka lat temu był mechanikiem w warsztacie samochodowym. Zajął się nieruchomościami po tym, jak zwolniono go z pracy. Kolejna książka została napisana przez byłego bankowca, który teraz sprzedaje swoje sekrety dotyczące tego, jak znajdować nieruchomości przejmowane i licytowane przez banki. Niedawno poznałem przypadkiem byłego doradcę finansowego, który po krachu na giełdzie przestał zajmować się sprzedażą funduszy inwestycyjnych i teraz organizuje seminaria, na których omawia swoje inwestycyjne sekrety, a potem namawia uczestników do inwestowania w swoje kosztowne nieruchomości.

Firma Rich Dad zwróciła się do Kena McElroya z prośbą o napisanie tej książki z pięciu powodów:

1. Ken jest profesjonalistą zajmującym się nieruchomościami. Zaraz po studiach zaczął swoją karierę jako zarządca nieruchomości. Dziś Ken McElroy jest właścicielem jednej z największych firm w południowo-zachodniej części Stanów Zjednoczonych,

specjalizujących się w zarządzaniu nieruchomościami. Ken jest także deweloperem nieruchomości komercyjnych wartych wiele milionów dolarów, prezesem stowarzyszenia *Arizona Multihousing Association* oraz aktywnie bierze udział w akcjach lobbingowych w Kongresie, w sprawach związanych z rynkiem nieruchomości. Dzięki osiągnięciom i reputacji Kena bankierzy inwestycyjni – są często partnerami finansowymi w jego projektach.

2. Zarządzanie nieruchomościami jest jednym z najważniejszych aspektów inwestowania w nieruchomości. Chociaż moim zdaniem to najlepszy rodzaj inwestycji na świecie, wielu ludzi w ogóle w nie nie inwestuje, ponieważ nie chcą oni naprawiać toalet czy mieć do czynienia z lokatorami. Nie winię ich za to. Dogłębna znajomość związanej z inwestowaniem w nieruchomości problematyki zarządzania jest bezcenna. I taką wiedzę ma właśnie Ken.
3. Zarządzanie nieruchomościami jest procesem długoterminowym. Znalezienie nieruchomości, jej finansowanie oraz sprzedaż są, w większości wypadków, zdarzeniami stosunkowo krótkoterminowymi. Jeżeli jesteś prawdziwym inwestorem, a nie spekulantem, który sprzedaje nieruchomości dla osiągnięcia doraźnych zysków, to zarządzanie nieruchomością powinno być dla Ciebie nieprzerwanym procesem. Innymi słowy, istotą posiadania nieruchomości powinien być dla Ciebie długotrwały proces zarządzania nimi.
4. To od zarządzania nieruchomością zależy, czy osiągasz zyski, czy ponosisz straty. Ludzie najczęściej głównie dlatego tracą pieniądze na nieruchomościach, że nie zarządzają nimi właściwie. Jeżeli nie potrafią oni kontrolować lokatorów, przychodów i wydatków, to stan ich nieruchomości w krótkim czasie się pogarsza. Jednak warto wiedzieć, że profesjonalni inwestorzy na rynku nieruchomości uwielbiają kupować od inwestorów, którzy nie zarządzają swoimi nieruchomościami właściwie. Dlaczego? Ponieważ możesz korzystnie nabyć taką nieruchomość, a potem, jeżeli potrafisz dobrze nią zarządzać, bez trudu zwiększysz przepływ pieniężny oraz jej wartość.

5. Ken McElroy jest świetnym nauczycielem. Jest nie tylko doradcą bogatego ojca – bo faktycznie udziela mi porad w zawiązku z inwestycjami w nieruchomości – ale także moim partnerem w kilku takich inwestycjach. Jednak najważniejszy z Twojego punktu widzenia jest fakt, że jest on świetnym nauczycielem, który wie, o czym mówi. Ken często towarzyszy mi podczas wystąpień publicznych i mówi o tym, jak zarządzać nieruchomościami, jak analizować inwestycje oraz jak stwierdzić, czy sprzedawca albo broker mówią prawdę. Jeśli będziesz miał kiedyś okazję, żeby posłuchać, jak Ken wypowiada się na temat nieruchomości, skorzystaj z niej.

Jak wspomniałem, istnieje wiele książek poświęconych inwestowaniu w nieruchomości oraz wiele osób, które twierdzą, że są ekspertami na tym rynku. Co sprawia, że ta książka jest inna? Po pierwsze, uwzględnia ona najważniejszy aspekt inwestowania w nieruchomości, mianowicie zarządzanie nimi. Po drugie, została napisana przez *prawdziwego* eksperta.

Robert Kiyosaki

ROZDZIAŁ PIERWSZY
MITY I MAGIA

W każdym biznesie i w każdej branży istnieją ludzie, którzy zdają się odnosić same sukcesy. Wydaje się, że znają oni wszystkie liczące się osoby, podejmują jedynie słuszne decyzje, znajdują się zawsze we właściwym miejscu i we właściwym czasie. Widać, że są skazani na sukces – bez względu na to, czy próbują go odnieść, czy nie. Tak samo jest z inwestowaniem w nieruchomości. W każdym mieście, dużym lub małym, są potentaci na tym rynku, którzy zbili majątek dzięki nieruchomościom.

Są to ludzie, na których widok myślisz, że osiągnięcie sukcesu jest łatwe. Robią wrażenie pewnych siebie, znających się na rzeczy, zmyślnych, zdają się też dostrzegać okazje, których inni nie widzą. Osoby patrzące z boku mogą pomyśleć, że osiągnięcia tej garstki znamienitych osób powstały w wyniku uśmiechu losu lub jakiejś magii. Jednakże ani magia, ani los nie mają z tym nic wspólnego.

Jakieś 15 lat temu postanowiłem, że będę należał do grupy ludzi, których właśnie opisałem. Sam chciałem odnieść sukces, być swoim szefem oraz osiągnąć finansową wolność. Jako moją drogę do tego wybrałem zarządzanie nieruchomościami. Może to był instynkt, może niecierpliwość, a może palące pragnienie. Nie zamierzałem czekać na uśmiech losu ani na jakieś magiczne zaklęcie. Postanowiłem zrealizować moje marzenie i dokonałem tego poprzez działanie.

Na początku, przy pierwszych umowach o zarządzanie nieruchomością i transakcjach kupna, w moich działaniach dominowała metoda prób i błędów, mam na swoim koncie także niemało pomyłek. Ale z każdym popełnionym błędem uczyłem się dziesięć razy więcej i z dnia na dzień stawałem się mądrzejszy. Zacząłem dostrzegać schematy, odkrywać formuły i systemy oraz tworzyć sieć ludzi, na których mogłem liczyć. Kosztowało to sporo czasu i pracy, ale im bardziej dążyłem do realizacji mojego marzenia, tym szczęśliwszy się czułem i tym częściej nadarzały mi się magiczne okazje.

Może na sukces zawsze składa się jakiś element szczęścia i magii, jednak jest to coś, co powstaje przede wszystkim w wyniku ciężkiej pracy i bycia przygotowanym. Podczas Seminariów Rich Dad, na których często zabieram głos, nieustannie spotykam ludzi, którzy stawiają pierwsze kroki na drodze prowadzącej do przyszłego sukcesu, podobnie jak ja to robiłem niemalże 20 lat temu. Wielu z nich ma to, co jest niezbędne: zapał i pragnienie, które pomogą im pokonać przeszkody i być przygotowanym.

Niestety, na tych seminariach widzę także takich, którzy tego nie mają. Są to osoby, które chcą się szybko wzbogacić i w niewielkim stopniu zdają sobie sprawę z tego, jak ogromnego potrzeba zaangażowania, aby osiągnąć sukces w biznesie. Inni znów bardzo mocno tego pragną, ale nie mają technicznych umiejętności ani wiedzy, która przychodzi tylko z doświadczeniem. To dla tych ludzi napisałem tę książkę. Nie jest to książka, dzięki której szybko staniesz się bogaty. Nie została ona napisana, aby motywować, chociaż mam nadzieję, że zainspiruje Cię do realizacji Twoich marzeń związanych z nieruchomościami. Jest to natomiast książka, która pokazuje sprawdzone metody, eliminuje niewiadome oraz skraca krzywą uczenia się u każdego, kto wybierze nieruchomości inwestycyjne jako swoją drogę do finansowej wolności.

Zanim zaczniemy zgłębiać tajniki znajdowania, kupowania nieruchomości inwestycyjnych i zarządzania nimi, poświęćmy chwilę na obalenie kilku mitów, które – jeżeli w nie uwierzysz – będą Cię tylko powstrzymywać. Myślę, że problemy z poniższej listy są Ci znane. Czy Ty lub inni ludzie wypowiadaliście właśnie takie słowa? Czy któreś z poniższych stwierdzeń brzmi w Twojej głowie i nie pozwala Ci się rozwijać? Czy przez te nieprawdy paraliżuje Cię strach? Wyeliminujmy je od razu na samym początku. Nadszedł czas, żeby pozbyć się tego balastu.

Mit nr 1: Musisz być bogaty, żeby inwestować w nieruchomości

Ludzie myślą, że muszą mieć dużą sumę pieniędzy, aby inwestować w nieruchomości. Zdaje im się, że to tak jak oszczędzanie na swój pierwszy dom albo że jest to coś, co mogą zrobić, gdy już zbiją fortunę gdzie indziej. Obydwie te myśli są dalekie od rzeczywistości. Nie potrzebujesz setek tysięcy dolarów na koncie bankowym, żeby inwestować w nieruchomości, a już na pewno nie musisz mieć milionów. Wszystko, czego Ci potrzeba, to dobra transakcja, która ma sens – taka, która może przynosić zysk i której zestawienia finansowe są obiecujące.

Z moim wspólnikiem pracujemy w ten sposób od lat. Moją zupełnie pierwszą transakcją na rynku nieruchomości był zakup umeblowanego i wynajętego mieszkania z dwiema sypialniami. Lokal ten umieściłem w programie wynajmu mieszkań. Jeżeli ktoś chciał oderwać się od szarej rzeczywistości, mógł zadzwonić i wynająć moje mieszkanie lub jedną ze stu innych nieruchomości na weekend. Zapłaciłem za nie, ni mniej ni więcej, tylko 116 tysięcy dolarów, a 20 tysięcy wyłożyłem z własnej kieszeni. Prawdopodobnie myślisz teraz: „Widzisz! Wiedziałem, że trzeba mieć jakieś pieniądze, aby zacząć inwestować".

Cóż, dokonałem tamtej transakcji, gdy też tak myślałem. Porównaj to z moim niedawnym zakupem kompleksu składającego się ze 182 mieszkań w Sun City w stanie Arizona. Wszystkie koszty wynosiły 9 milionów dolarów. Zanim zamkniesz tę książkę i powiesz: „To nie dla mnie", pozwól mi dokończyć. Wkład własny wynosił 2 miliony dolarów i były to pieniądze innych inwestorów. Z mojej kieszeni nie wyłożyłem nic. Większość praw własności przekazałem ludziom, którzy pożyczyli mi pieniądze na pierwszą ratę; właściwie można powiedzieć, że wszedłem z nimi w spółkę. Moje umiejętności sprzedawcy nie miały z tym nic wspólnego. Bohaterem była tu transakcja; była taka dobra, że inwestorzy chcieli dokonać jej wspólnie ze mną. Zdałem sobie sprawę, że wiele osób szuka dobrych transakcji na rynku nieruchomości.

Niektórzy niechętnie przyjmują wspólników, ale ja uważam, że wspólnicy są przydatni. Pomagają rozłożyć ryzyko, dzięki czemu możesz być właścicielem mniejszych części w kilku nieruchomościach, zamiast całości w jednej tylko nieruchomości. Faktem jest też, że zespoły osiągają więcej. A jeśli chodzi o zysk? Której transakcji wolałbyś dokonać: kupna nieruchomości wartej 116 tysięcy, która kosztowałaby Cię 20 tysięcy, czy kupna nieruchomości, w przypadku której Twój wkład byłby równy zeru i która generowałaby Ci zysk w postaci 10% z 9 milionów? Chciałbym zauważyć, że to 900 tysięcy dolarów i ja za każdym razem wybrałbym tę drugą transakcję.

Gdy już zlokalizowałeś okazję inwestycyjną, Twoim zadaniem będzie znalezienie inwestorów, którzy chcą uzyskać dobry zwrot z zainwestowanych pieniędzy. Pierwsza transakcja jest z pewnością najtrudniejsza, ponieważ jeszcze nie pokazałeś, na co Cię stać. Ale uwierz mi, z każdą udaną transakcją, którą przeprowadzisz, będzie coraz łatwiej.

Wszystko jest trudne, zanim stanie się łatwe.

Dziś ludzie, którzy chcą zainwestować w nasze kolejne przedsięwzięcie na rynku nieruchomości, dosłownie ustawiają się w kolejce. Nie dlatego, że jesteśmy jacyś wyjątkowi, ale dlatego, że jesteśmy skrupulatni. Analizujemy wiele transakcji i wybieramy tylko te, które są opłacalne, tak jak ta, opisana powyżej. Jesteśmy także w kontakcie z naszymi inwestorami i traktujemy ich uczciwie. Oni zarabiają pieniądze, gdy my zarabiamy pieniądze.

Prawdopodobnie dziwi Cię fakt, że jest wielu ludzi zainteresowanych inwestowaniem w nieruchomości, zwłaszcza gdy wartość innych instrumentów inwestycyjnych, takich jak akcje i obligacje, pozostaje na niezmiennym poziomie lub spada. Wystarczy tylko popatrzeć na uczestników Seminariów Rich Dad. W każdym mieście, do którego trafiamy, są tysiące ludzi poszukujących sensownych transakcji kupna nieruchomości. Ktoś, kogo spotkasz na takim seminarium, może być Twoim pierwszym partnerem inwestycyjnym.

Mit nr 2: Musisz zacząć od czegoś małego – duże transakcje są zbyt ryzykowne

Nie ma nic złego w zaczynaniu od czegoś małego. Prawdopodobnie myślisz teraz o kupnie domu jednorodzinnego za 250 tysięcy dolarów i jego wynajęciu. Albo nawet o bliźniaku za 320 tysięcy. Ale dlaczego masz wykluczać wart 2 miliony budynek składający się z 50 mieszkań? Choć trudno w to uwierzyć, każda z tych nieruchomości jest w zasięgu Twoich możliwości.

Zapewne w tej chwili myślisz sobie: „Nie ma mowy! Nie stać mnie na kredyt hipoteczny w wysokości 2 milionów dolarów!". I ja w tym momencie mogę powiedzieć, że może masz rację, ale nie musi być tak, że Cię na niego nie stać. Oto dlaczego. Zabezpieczeniem dla kredytów hipotecznych na mniejsze nieruchomości, takie jak domy jednorodzinne, są prawie zawsze zarobki oraz majątek kupującego. Może będziesz zaskoczony, gdy się dowiesz, że zabezpieczeniem dla kredytów na większe nieruchomości inwestycyjne są nabywane aktywa. Innymi słowy, zamiast sytuacji, w której zabezpieczeniem dla kredytu na budynek za 2 miliony jest Twój majątek, masz sytuację, w której zabezpieczeniem jest wartość nieruchomości. A to oznacza, że Twoje ryzyko jest już w tym momencie mniejsze.

Spójrzmy teraz na poprzedni przykład. W przypadku mieszkania, które kupiłem za 116 tysięcy dolarów, przy 20 tysiącach wkładu własnego, to ja byłem w 100% za wszystko odpowiedzialny, od kredytu hipotecznego po zarządzanie. Ten 9-milionowy projekt, z którego 10% należało do mnie, przy zerowym wkładzie własnym, był w rzeczywistości mniej ryzykowny, ponieważ nie zainwestowałem w niego swoich pieniędzy i nieruchomość ta była profesjonalnie zarządzana. Ta pierwsza nieruchomość była moja w całości – na dobre i na złe. Pięć lat później sprzedałem to mieszkanie za 121 tysięcy; mój zysk wynosił więc 5 tysięcy dolarów. Niedawno zrefinansowaliśmy ten 182-mieszkaniowy budynek, którego byliśmy właścicielami przez niecały rok. Jego nowa szacunkowa wartość wyniosła 11,3 miliona dolarów, czyli ponad 2 miliony więcej, niż za niego zapłaciliśmy. A ponieważ ja jestem właścicielem 10% tego projektu, to zarobiłem ponad 200 tysięcy dolarów w niecały rok. Jest to świadectwo potęgi dobrego kupowania i właściwego zarządzania.

Powyższy przykład pokazuje także ryzyko związane z wyceną. Gdy kupujesz dom jednorodzinny lub mieszkanie i je wynajmujesz, wzrost wartości Twojej nieruchomości zależy wyłącznie od wzrostu wartości innych nieruchomości w otaczającej ją okolicy. Lepiej, żebyś kupił nieruchomość w dobrej okolicy, ponieważ sam niewiele możesz zrobić, żeby zwiększyć jej wartość. Dla porównania, wzrost wartości nieruchomości komercyjnej, na przykład budynku wielomieszkaniowego, jest oparty na przepływie pieniężnym tej nieruchomości. Im więcej przynosi pieniędzy, tym więcej jest warta. Teraz to Ty masz kontrolę! Gdy zwiększa się przepływ pieniężny, rośnie też wartość nieruchomości. Zarządzaj nią właściwie, a zwiększysz jej wartość. Jeśli nie będziesz robił tego dobrze, to jej wartość się nie zmieni lub spadnie.

Inny powód, dla którego większe nieruchomości są mniej ryzykowne, jest związany ze współczynnikiem wynajętej powierzchni. Gdy wynajmowany jest dom jednorodzinny, to wartość tegoż współczynnika wynosi 100%. Gdy stoi pusty, to 100% jego powierzchni jest niewynajęte i Ty ze swojej kieszeni spłacasz cały kredyt hipoteczny. W przypadku większej nieruchomości, nawet 8-mieszkaniowego budynku, jeżeli jeden lokator się wyprowadzi, to nadal masz siedmiu, którzy płacą czynsz. Twoje ryzyko związane ze współczynnikiem wynajętej powierzchni znacznie maleje wraz ze wzrostem liczby wynajmujących.

Mit nr 3: Możesz próbować się wzbogacić inwestując spekulacyjnie w nieruchomości lub kupując je bez wkładu własnego

Wiele osób uważa, że spekulacja nieruchomościami, czyli kupowanie i szybka ich sprzedaż za więcej, niż się za nie zapłaciło, jest sposobem na zdobycie majątku. Ludzie, którzy mocno w to wierzą, jak dotąd mieli tyle szczęścia, żeby w ten sposób zarabiać pieniądze. Ale moim zdaniem można to porównać z jednodniowym inwestowaniem na giełdzie. Nie jest to proste, a przy tym bardzo ryzykowne.

Brak wkładu własnego jest innym sposobem na to, żeby powiedzieć, że dana nieruchomość jest w 100% sfinansowana. Oznacza to, że o wiele większa część, jeśli nie całość, Twojego przepływu pieniężnego jest przeznaczana na spłatę miesięcznych rat kredytu hipotecznego. W wypadku transakcji z zerowym wkładem własnym będziesz płacił wyższe oprocentowanie kredytu, ponieważ stanowi on większe ryzyko dla kredytodawcy; to Ty ponosisz wyższe koszty kredytu i praktycznie nie masz pieniędzy, aby poprawić stan nieruchomości lub nawet aby dokonać napraw, gdy coś się popsuje. Stosując ten model, liczysz na to, że wartość nieruchomości wzrośnie, abyś mógł zarobić, zamiast próbować poprawić wyniki tej nieruchomości i generować większy przepływ pieniężny. Miejmy nadzieję, że rynek stoi wysoko i że idealnie zgrasz to wszystko w czasie, ponieważ w takiej sytuacji postępujesz zgodnie z przekonaniem, że czynniki zewnętrzne po prostu będą Ci sprzyjać. Jednakże kontrolujesz wzrost wartości nieruchomości tylko wtedy, gdy zwiększasz przepływ pieniężny, o czym więcej dowiesz się później. Natomiast w tym scenariuszu wcale go nie kontrolujesz!

Jak już prawdopodobnie się domyśliłeś, nie mam przekonania do transakcji z zerowym wkładem własnym ani do spekulacyjnego handlu nieruchomościami. Nawet w transakcji, w której osobiście nie wniosłem żadnego wkładu pieniężnego przy kupnie wielomieszkaniowego budynku za 9 milionów dolarów w Sun City, nasz wkład, jako zespołu inwestycyjnego, wynosił 2 miliony. Wierzę, że kupowanie i trzymanie aktywów generujących przychód, takich jak nieruchomości pod wynajem, jest sposobem na gromadzenie majątku. Możesz powiedzieć: „Ale potrzebuję jakiegoś zysku kapitałowego – dodatkowego wzrostu wartości nieruchomości – żeby kupić drugą, większą nieruchomość pod wynajem, która będzie składała się z większej liczby mieszkań. To znaczy, że muszę sprzedać tę pierwszą". Moje doświadczenie mówi mi, że to po prostu nie jest prawda. Potrzebujesz jedynie drugiej sensownej transakcji, którą przedstawisz inwestorom. Oni pomogą Ci zgromadzić środki na pierwszą ratę zakupu tej drugiej nieruchomości, a Ty wynagrodzisz im to, gdy inwestycja będzie przynosić zyski.

Niedawno zakończyliśmy budowę 208-mieszkaniowej, położonej w Goodyear w stanie Arizona, nieruchomości, której budowa kosztowała nas 13,8 miliona dolarów. W momencie ukończenia jej wartość wzrosła do 16,3 miliona. Otrzymaliśmy liczne propozycje kupna tej nieruchomości, a pośrednicy ustawiali się w kolejce, żeby móc umieścić ją w swojej ofercie. Mimo iż możliwość sprzedaży tej nieruchomości po dwóch latach pracy z 2,5-milionowym zyskiem była kusząca, nie zrobiliśmy tego. Problem stanowią podatki. Gdybyśmy postanowili zrealizować ten 2,5-milionowy zysk, bylibyśmy zmuszeni do umieszczenia tych pieniędzy z powrotem na rynku, aby uniknąć konieczności zapłacenia wysokiego podatku. Oczywiście że wartość naszej nieruchomości wzrosła, ale w momencie sprzedaży nastąpiłoby też coś, co jest nazywane zdarzeniem podatkowym. Wyobraź sobie, że musisz zapłacić podatek w wysokości 30% z 2,5 miliona zysku. To niepotrzebny wydatek rzędu 750 tysięcy dolarów.

Jeśli chcesz dostać te pieniądze, wcale nie musisz sprzedawać. Wystarczy, że zwiększysz swój kredyt hipoteczny, maksymalnie wykorzystując wartość swojej nieruchomości. Nie zachodzi zdarzenie podatkowe i nie jesteś zmuszony do umieszczenia tych pieniędzy w innej inwestycji. W przypadku nieruchomości z 208 mieszkaniami zrefinansujemy ją i wykorzystamy uzyskany w ten sposób kapitał, aby oddać pieniądze naszym inwestorom z należnymi im odsetkami. To świetny system, a najlepsze w tym wszystkim jest to, że to Ty cały czas jesteś właścicielem tej nieruchomości, to Ty otrzymujesz przepływ pieniężny z tego budynku w formie czynszu, a gdy wartość budynku wzrośnie, możesz ją zrefinansować i znowu zrealizować zysk – wolny od podatku. Są to pieniądze, które możesz wykorzystać, aby dokonać innych transakcji; i ja postępuję tak każdego dnia.

W 95% przypadków nieruchomości będą z biegiem lat zyskiwały na wartości. Zwłaszcza jeżeli będziesz stosował przedstawione w tej książce metody, dzięki którym nauczysz się, jak właściwie kupować nieruchomości, tak aby było Cię stać na dokonywanie wszelkich niezbędnych ulepszeń, które ożywią okolicę i sprawią, że będzie ona lepszym domem dla jej mieszkańców. Wszystko to zwiększa wartość, a korzystanie z dobrodziejstw wzrostu wartości przez dłuższy czas ma sens.

Mit nr 4: Niektórzy ludzie mają po prostu dotyk Midasa

Łatwo jest myśleć, że ludzie, którzy odnoszą sukcesy w inwestowaniu w nieruchomości, mają coś w rodzaju dotyku Midasa. Ale coś takiego nie istnieje. Są to po prostu ludzie, którzy widzą okazje i wiedzą, jak je urzeczywistnić i sprawić, żeby stały się dochodowe.

Weźmy na przykład jakąś 4-hektarową działkę. Powiedzmy, że jest ona położona w bliskim sąsiedztwie wielu sklepów i że większość dużych sieci handlowych ma swoje punkty w pobliskich centrach. Niedaleko znajduje się także siedziba dużego producenta mikroprocesorów, który zatrudnia tysiąc osób.

Zapytaj o radę przedsiębiorcę budowlanego, który tworzy osiedla domków jednorodzinnych, a on na tej działce zobaczy 40 takich domów. Zapytaj przedsiębiorcę, który buduje osiedla dla bogatych, a on zobaczy tam 10 luksusowych posiadłości. Zapytaj dewelopera nieruchomości komercyjnych, a ten zobaczy nowe centrum handlowe, prowadzone przez dwie duże sieci, oraz wyspecjalizowane sklepy i restauracje w środku. Zapytaj dewelopera domów wielorodzinnych, a ten z kolei zobaczy 150-mieszkaniowy budynek ze świetlicą, basenem i siłownią. Kolejny deweloper nieruchomości komercyjnych, który specjalizuje się w tworzeniu przestrzeni biurowej, prawdopodobnie zobaczy trzypiętrowy biurowiec. Innymi słowy, każdy widzi tę nieruchomość inaczej i każda z tych wizji będzie się wiązała z innego poziomu zyskiem – raz z większym, raz z mniejszym.

Ważnym aspektem przy rozpoznawaniu okazji jest zdrowy rozsądek. Ludzie, którzy zdają się mieć dotyk Midasa, używają swojego zdrowego rozsądku, gdy przyglądają się nieruchomościom i okazjom. W powyższym przykładzie zdrowy rozsądek podpowiada mi, że budowa luksusowych domów nie byłaby bardzo opłacalna na 4-hektarowej działce, w otoczeniu centrów handlowych, z którymi wiąże się intensywny ruch drogowy. Osiedle domów jednorodzinnych wcale nie byłoby lepsze. Jeszcze jedno centrum handlowe mogłoby odnieść sukces, gdyby deweloper zdołał przyciągnąć dobre, znane i duże sieci, ale mogą one już mieć swoje sklepy w pobliskich centrach. Bezsprzecznie w tym przykładzie najlepsze opcje to: wielomieszkaniowe osiedle albo przestrzenie biurowe. Dlaczego? Z powodu sąsiedztwa potencjalnego pracodawcy, braku mieszkań w tej okolicy, bliskości sklepów oraz braku przestrzeni biurowej do wynajęcia. W tym wypadku deweloper, który buduje biura lub mieszkania, będzie miał największe szanse powodzenia i to on będzie sprawiał wrażenie, że ma dotyk Midasa. To nie żadna magia, to po prostu zdrowy rozsądek.

Skąd wiesz, że polegasz na zdrowym rozsądku? To proste. Jeżeli każdy człowiek, z którym rozmawiasz, ma kłopoty, żeby wyobrazić sobie Twoją wizję, oznacza to jedno z dwóch: albo rewolucyjny pomysł, który dowiedzie, że wszyscy się mylili, albo zły pomysł, który każdy, poza Tobą, widzi w ten właśnie sposób. W 99% przypadków okazuje się, że występuje ta druga sytuacja. Pamiętaj: jeżeli wszystkim Twoim partnerom musisz mocno zachwalać swoją wizję dotyczącą jakiejś nieruchomości, prawdopodobnie to przedsięwzięcie po jego ukończeniu trzeba będzie mocno reklamować! A to będzie Cię kosztowało.

Mit nr 5: Potrzeba ogromnej wiary w siebie

Nieprawda. Ludziom bardzo często brakuje poczucia własnej wartości. Słuchają tego cichego głosu zwątpienia, który szepcze im, a czasem wręcz wykrzykuje w ich głowach wszystkie powody, dla których nie mogą oni czegoś zrobić i dlaczego nie powinni nawet próbować. Moim zdaniem istnieją dwa głosy, mianowicie głos rozsądku i głos zwątpienia we własne możliwości. Pierwszy to zdrowy rozsądek, drugi natomiast oznacza, że Twoja przeszłość kieruje Twoją przyszłością.

Ja podjąłem świadomą decyzję – nie pozwolę, aby moja przeszłość decydowała o mojej przyszłości. Dorastałem w typowym domu klasy średniej. Nie ma w tym nic złego. Tak naprawdę, to widzę w tym same plusy. Wszystko, co mam, zdobyłem własną pracą. Mam wpojone solidne wartości, dużą ich część przekazali mi rodzice. Mój ojciec przez większą część swojej kariery zawodowej nie dopuszczał zbytnio do głosu ducha przedsiębiorczości. Był pracowity, to fakt, ale nie przedsiębiorczy. Pracował dla jednej firmy przez większość życia i zarabiał wystarczająco dużo, abyśmy mogli pozwolić sobie na styl życia klasy średniej. Mnie, mojemu bratu i dwóm siostrom żyło się dobrze.

Gdy skończyłem studia, poszedłem w ślady mojego ojca i znalazłem pracę. I właśnie wtedy – podczas jej wykonywania – spotykałem ludzi, którzy wprowadzali mnie w arkana przedsiębiorczości. Stali się moimi mentorami i to oni obudzili we mnie ducha przedsiębiorcy. Potem moje wrodzone wartości – także te wyniesione z domu – oraz moja własna nowo odkryta natura stworzyły całość.

Żaden pojedynczy aspekt mojego wychowania nie przygotowałby mnie do tego, co robię teraz. Jednakże złożyło się na to wszystko razem. Uważam, że od każdego z nas zależy, czy będziemy umieli pozbyć się wspomnień i urazów związanych z ojcami, którzy nas nie wspierali, matkami, które wszystko krytykowały, przyjaciółmi, którzy wyśmiewali nasze pomysły, oraz nauczycielami, którzy przypinali nam jakąś etykietkę już w pierwszych dniach szkoły. Każdy kiedyś spotkał ludzi, którzy mieli na niego zły wpływ, i z pewnością spotka ich o wiele więcej. Popatrz tylko na Hollywood. Która gwiazda ekranu nie borykała się z problemami, która nie miała swoich kłopotów? Każdy musi powstać po uporaniu się z trudną sytuacją – to właśnie robią ludzie sukcesu. Postanawiają zostawić swoją przeszłość za sobą, jakakolwiek by ona nie była. Ja wolałem zaakceptować moją przeszłość, wyciągnąć z niej wnioski, wykorzystać to, co było dobre, i uzmysłowić sobie, że złe rzeczy czynią mnie silniejszym.

Inwestowanie w nieruchomości jest zajęciem, przy którego wykonywaniu będziesz musiał wykorzystać swoją siłę. Dlatego radzę, abyś szukał siły nie tylko we wszystkim tym, co jest dobre w Twoim życiu, ale także abyś wykorzystał trudne chwile jako doświadczenia kształtujące charakter. A w przeciwieństwie do tego, co myśli większość osób, dobrze ukształtowany charakter nigdy nie zaszkodzi. Tyle chciałem powiedzieć na temat pewności siebie i charakteru. Pozostała część tej książki jest poświęcona tworzeniu Twojego biznesu zajmującego się inwestowaniem w nieruchomości.

Mit nr 6: Chcesz to zrobić, ale naprawdę nie masz czasu

W rzeczywistości sprowadza się to do wyborów i priorytetów. Zawsze mamy czas, żeby zrobić to, co musimy, na przykład iść każdego dnia do pracy, skosić trawnik czy nakarmić psa. Często nie znajdujemy czasu na to, co naprawdę chcielibyśmy zrobić – nauczyć się języka obcego, złożyć regał na książki czy udzielać się społecznie. Istnieje różnica pomiędzy koniecznością i chęcią. Często robimy to, co musimy, i odkładamy na później to, co chcemy robić. Niestety, to właśnie to, co chcemy, tak naprawdę wzbogaca nasze życie.

Inwestowanie w nieruchomości jest czymś, co powinieneś chcieć robić, a może nawet dobrze by było, byś musiał to robić. To praca. Aby faktycznie odnosić sukcesy, szczególnie na początku, codziennie będziesz wykonywał czynności związane ze znajdowaniem i ocenianiem nieruchomości, negocjowaniem warunków transakcji, nadzorowaniem zleconych prac remontowych, możliwe, że weźmiesz na siebie nawet zarządzanie nieruchomością, gdy już będzie Twoja. Mogę z czystym sumieniem powiedzieć, że ten biznes daje mi satysfakcję, jest dla mnie dobrą zabawą i z tego powodu jest dochodowy.

Sam padłem ofiarą mitu związanego z brakiem czasu i biorę na siebie całą winę. Sharon Lechter i Robert Kiyosaki poprosili mnie o napisanie tej książki 2 lata temu. W końcu zaakceptowałem ten pomysł i rzeczywiście chciałem to zrobić. Ale sama chęć nie wystarczyła. Tym, co skłoniło mnie do działania, był ostateczny termin. Dzięki niemu skupiłem moją uwagę na pisaniu i uświadomiłem sobie, że muszę się zmobilizować i wziąć do pracy. To sprawiło, że ta książka powstała.

Jeżeli nie masz czasu, żeby zacząć swój biznes związany z inwestowaniem w nieruchomości, może w Twoim umyśle tak naprawdę nie *musisz* tego robić. Może po prostu *chcesz* się za to wziąć, a sama chęć może nie wystarczyć, żeby zmotywować Cię do działania. W końcu jeśli w ciągu tygodnia chodzisz do innej pracy, to będziesz zmuszony, by szukać i oceniać nieruchomości w weekendy. Będziesz musiał telefonować w różne miejsca, gdy tylko znajdziesz czas w tygodniu lub wieczorami. Zawsze istnieje sposób, żeby ziścić swoje marzenia… pod warunkiem, że naprawdę o tym marzysz.

Mit nr 7: Musisz kogoś znać, żeby zacząć działać w tym biznesie

Chociaż znajomość kilku kluczowych osób, takich jak agent nieruchomości, prawnik lub bankowiec, może oszczędzić Ci trochę czasu, to żeby zacząć, nie musisz znać nikogo, kto jest choć w najmniejszym stopniu związany z nieruchomościami inwestycyjnymi. Z tej książki dowiesz się, jakie są kluczowe osoby, które muszą znaleźć się w Twoim zespole. I okaże się, że cele, które sobie wyznaczysz, tak naprawdę określą skład tego zespołu. Ludzie, których znasz dziś, mogą, ale nie muszą, być idealnymi członkami Twojego zespołu, gdy już ustalisz, co chcesz osiągnąć, zajmując się biznesem związanym z inwestowaniem w nieruchomości.

Po prostu zacznij działać, a zdziwisz się, ile osób poznasz i ile się od nich nauczysz. Ani się nie obejrzysz i będziesz miał „przyjaciół" w tym biznesie. Wyjaśnię to w paru zdaniach. Właśnie przeprowadzamy pewną transakcję w Portland w stanie Oregon. Ja mieszkam i pracuję w Arizonie. Nie byłem w Portland od ponad 10 lat. Ludzie, których kiedyś tam znałem, już od dawna nie żyją. Ani ja, ani żadna inna osoba w mojej firmie nie znaliśmy żywej duszy w tamtym mieście. Wiedzieliśmy jedynie, że miasto jest położone nad dwiema rzekami i że jest tam wysoki poziom bezrobocia – oznaczało to, że właścicielom nieruchomości w tamtym rejonie prawdopodobnie nie wiedzie się najlepiej. A to dla mnie oznaczało okazje kupna. Mieliśmy jeden duży problem: znaliśmy *miasto*, ale nie znaliśmy zupełnie *nikogo* w tym mieście. Pomyśleliśmy sobie, że warunki rynkowe były warte przynajmniej przelotu do Portland i spędzenia tam kilku dni.

Zanim tam pojechaliśmy, postanowiliśmy, że spróbujemy skompletować nasz zespół, przynajmniej jego zalążek. Tak więc w Internecie znaleźliśmy adresy zarządców nieruchomości, urzędników miejskich, brokerów itd., aby przygotować się do naszego wyjazdu. Nie chcieliśmy przecież lecieć tak daleko i nie spotkać się z nikim, kto mógłby powiedzieć nam coś o tamtejszym rynku. W rezultacie odbyliśmy 10 czy 12 spotkań w ciągu 2 dni. Kosztowało nas to kilka obiadów i kolacji, ale mieliśmy już parę osób do naszego zespołu.

Mit nr 8: Musisz być doświadczonym negocjatorem i biznesmenem

Znowu muszę powiedzieć, że to nieprawda. Doświadczenie w biznesie może sprawić, że pierwsze wejście do biura inwestora będzie dla Ciebie bardziej komfortowe, ale to wszystko, na co możesz liczyć. Prawdziwej siły i pewności siebie nie zyskujesz dzięki swojemu dotychczasowemu doświadczeniu, ale dzięki dobrej transakcji, której chcesz dokonać i która będzie korzystna dla wszystkich stron. Książka ta pokaże Ci, jak znaleźć i ocenić nieruchomość, przyjmując jako cel ustalenie realnej ceny zakupu, która zmaksymalizuje Twój miesięczny przychód oraz pozwoli na zwiększenie wartości danych aktywów. Znajdź taką transakcję, a każdy będzie chciał w niej uczestniczyć.

Przez lata rezygnowaliśmy z wielu transakcji i umiejętność negocjowania nie miała z tym nic wspólnego. Negocjowaliśmy kiedyś na przykład zakup 205-mieszkaniowego budynku w Glendale w Arizonie. Mniej więcej rok temu cena sprzedaży wynosiła 7,9 miliona dolarów; broker powiedział mi, że były inne oferty – najwyższa w wysokości 7,2 miliona dolarów. Przyjrzeliśmy się dokładnie tej nieruchomości i w mojej ocenie 7,2 miliona dolarów było godziwą ceną, zważywszy na przychód przez nią generowany. Sprzedający odrzucił wszystkie oferty i wycofał nieruchomość z rynku. Sześć miesięcy później znowu wystawił ten budynek na sprzedaż, tym razem za 8,1 miliona. Gdybym nadal był zainteresowany tamtą nieruchomością, złożyłbym ofertę, opierając się na jej wynikach. Byłaby to nadal kwota 7,2 miliona dolarów, którą zaoferowałem wcześniej. Sprzedający prawdopodobnie wyrzuciłby mnie za drzwi razem z pozostałymi osobami, które przedstawiłyby mu oferty oparte na przychodzie z tej nieruchomości. Czy dziwi Cię fakt, że dziś nadal jest on właścicielem tego budynku?

Metoda przedstawiona w tej książce pomoże Ci przekonać się, że cena sprzedaży nic nam nie mówi. Nie ma sensu prowadzić negocjacji, opierając się na tej wartości, a właściwie to działanie takie nieuchronnie prowadzi do katastrofy. Jest tak dlatego, że w większości wypadków cena sprzedaży jest oparta na opinii sprzedającego o wartości jego nieruchomości. Nie ma nic wspólnego z jej rzeczywistymi wynikami. To, co większość ludzi uważa za negocjacje, trafniej moim zdaniem można określić jako spotkania prezentacyjne. To wtedy przedstawiam moje wyliczenia i sprzedający albo się z nimi zgadza, albo nie. Jeśli takie spotkanie kończy się przedwcześnie, a faktycznie zwykle tak się dzieje, powodem jest to, że liczby związane z daną transakcją nie mają sensu. Rezygnacja nie jest niczym złym.

Mit nr 9: Trzeba dużo wiedzieć o nieruchomościach

Ten mit powstrzymuje ludzi każdego dnia. Mają wrażenie, że muszą od razu być ekspertami w jakiejś dziedzinie, aby odnosić w niej sukcesy – niezależnie od tego, czy chodzi o nieruchomości, inwestowanie w akcje czy prowadzenie pralni chemicznej! Po pierwsze, sukces to podróż, a nie miejsce przeznaczenia, i wszyscy ludzie sukcesu wychodzą z tego samego punktu. Budzą się pewnego dnia, wstają z łóżka, przeciągają się – i zaczynają.

Tylko jeśli rozpoczniemy jakieś działanie i będziemy je kontynuować dzień po dniu, możemy stać się ekspertami. Zdobywamy wiedzę poprzez doświadczenie. Dzięki tej książce, zdobędziesz solidne podstawy, od których będziesz mógł zacząć. I posiądziesz wystarczająco dużą wiedzę, żeby mówić naprawdę inteligentnie na przyjęciach i przy grillu, jednak – co ważniejsze – dowiesz się o wiele więcej ze swojej pierwszej transakcji. Jeszcze więcej z drugiej i trzeciej. I tym więcej z czwartej przeprowadzonej transakcji.

Uczę się czegoś nowego z każdym przedsięwzięciem. Kilka budynków, które niedawno nabyliśmy w Portland, zostało zbudowanych na starym, drewnianym pomoście, wzniesionym w latach 30. poprzedniego stulecia. Kto by się domyślił, gdy zaczynałem zajmować się tym biznesem, że będę musiał zdobyć wszystkie możliwe informacje na temat wytrzymałości strukturalnej 70-letniego pomostu? Ja nie. Ale musieliśmy dowiedzieć się wszystkiego o stanie tego pomostu, zanim zdecydowaliśmy się kupić te nieruchomości. Ja mieszkam na pustyni, możesz więc sobie wyobrazić, jak bardzo nietypowym zadaniem było dla mnie wynajęcie nurków, łodzi oraz inżynierów budowlanych, aby przeprowadzili przeglądy. Było to prawdziwe doświadczenie edukacyjne. Cały czas spotykam się z czymś nowym. Między innymi to właśnie sprawia, że cały ten proces jest ciekawy.

Jedynym sposobem na to, abyś dowiedział się dużo o nieruchomościach, jest rozpoczęcie zajmowania się nimi. Gdy już to zrobisz, poznasz ludzi i rynek, dostrzeżesz prawidłowości i zrozumiesz tendencje. Natrafisz na własne 70-letnie drewniane pomosty, ale to właśnie sprawi, że będziesz się dobrze bawił. I zanim się zorientujesz, będziesz zadziwiał ludzi na przyjęciach i przy grillu doświadczeniami, które sam zdobyłeś, a nie takimi, o których jedynie czytałeś.

Mit nr 10: Nie możesz bać się niepowodzenia

Pokaż mi przedsiębiorcę, który mówi, że nie boi się niepowodzenia, a ja pokażę Ci kłamcę. Odważne stwierdzenie, ale to prawda. Każdy boi się niepowodzenia. Różnica polega na tym, że niektórzy z nas pozwalają, żeby ta obawa przed porażką ich powstrzymywała. Czasami strach w ogóle nie pozwala nam zacząć, a to niedobrze. Jeżeli dojdzie do takiej sytuacji, zdecyduj, aby po prostu stawiać małe kroki, jeden po drugim, telefonować w jedno miejsce w danym momencie, oglądać jedną nieruchomość, a potem kolejną. To nie jest trudne, ale może się takie wydawać, jeśli skupimy się na wyniku końcowym, zamiast na niewielkich – i bardzo możliwych do wykonania – krokach do niego prowadzących.

Czasami strach przed niepowodzeniem pojawia się wtedy, gdy przychodzi czas, żeby postawić kropkę nad i w sprawie jakiejś nieruchomości. Ja nazywam to paraliżem analitycznym. Wiem, że wielu ludzi cały czas pada jego ofiarą. Zbyt dokładnie analizują jakąś okazję i nigdy nie są w stanie ostatecznie złożyć swojego podpisu na dokumentach. Ta książka okaże się szczególnie pomocna dla ludzi, którzy cierpią na ten rodzaj strachu, ponieważ pokaże im, co dokładnie muszą wiedzieć, żeby dokonać analizy dowolnej nieruchomości inwestycyjnej. Gdy liczby mają sens, nie potrzeba dokładniejszej analizy. Sytuacje, w których jesteś sparaliżowany strachem, przejdą do historii.

Innym przejawem strachu przed porażką jest żal. Inaczej mówiąc, postawiliśmy kropkę nad i, ale gdy pojawiają się trudności – a na pewno się pojawią, bo zawsze tak się zdarza – żałujemy naszej decyzji i marnujemy energię, pytając: „Dlaczego to zrobiłem?", zamiast pytać: „Co mogę zrobić, żeby pokonać tę przeszkodę?". Strach w tej formie zwykle może zamienić świetną okazję w złą inwestycję. Ja nigdy nie żałuję swoich decyzji. Po prostu uznaję miejsce, w którym się właśnie znajduję, za punkt początkowy i biegnę do mety po złoto – każdego dnia.

Przyznaję, że gdy dopiero co zaczynałem swoją karierę, bardzo bałem się porażki. Różnica polega na tym, iż wiedziałem, że gdybym nie zrobił nic i pozostał sparaliżowany strachem, to poniósłbym jeszcze większą porażkę. Czułem, że mam większe szanse na odniesienie sukcesu, jeśli będę po prostu stawiał krok po kroku, powoli poruszając się naprzód tak, aby któreś z tych okazji się opłaciły. Czujesz strach przed porażką i jeśli nie obrócisz go na swoją korzyść – jako czynnika motywującego – to staje się on samospełniającą się przepowiednią.

Mit nr 11: Musisz znać zawodowe tajniki

Nie ma czegoś takiego jak sekrety zawodowe w ścisłym znaczeniu tego terminu. Ale istnieją tajemnice osiągania sukcesu w życiu. Jeżeli je znasz, to odniesiesz sukces we wszystkim, czego się podejmiesz. Po pierwsze, musisz postawić sobie cele. Stworzą one podstawę Twojej mapy dążenia do sukcesu. Cele pomogą Ci się także zorientować, że już dotarłeś do punktu przeznaczenia i możesz sobie pogratulować. Każdy potrzebuje pokrzepienia duchowego. Nieprzypadkowo kolejny rozdział jest w całości poświęcony wyznaczaniu celów.

Po drugie, musisz wytrwać. Rezygnacja, gdy sprawy trochę się komplikują, nie tworzy zwycięzców. W ciągu tych 15 lat mogłem poddać się setki razy. Miałem wiele poważnych problemów – nieudane próby zgromadzenia środków, kłopoty z pracownikami i wręcz przerażające problemy z lokatorami. Jednak ludzie sukcesu radzą sobie z trudnościami i wychodzą z nich silniejsi, bardziej pewni siebie i lepiej przygotowani do stawienia czoła kolejnemu wyzwaniu. I wierz mi, że będzie ich więcej.

I w końcu, musisz rozumieć ten proces. W tym właśnie pomoże Ci ta książka. Przeprowadzi Cię przez ten proces od początku do końca i pokaże każdy jego etap. Od tworzenia Twojego zespołu przez znajdowanie nieruchomości, ich ocenę, ustalanie cen zakupu po zarządzanie – przedstawię Ci 15 lat mojego doświadczenia. Mam nadzieję, że ta książka stanie się Twoim podręcznikiem sukcesu.

Po przeczytaniu rozdziału pierwszego

- Postaraj się zrozumieć mity opisane w tym rozdziale.
- Zadaj sobie pytanie, czy istnieją jeszcze inne.
- Rozpoznaj te, które uważasz za prawdziwe.
- Ustal, które z nich były odpowiedzialne za opóźnianie Twojego sukcesu.

- Zobowiąż się przed sobą samym, że porzucisz te nieproduktywne mity.
- Przyrzeknij sobie, że poznasz takie techniki i osiągniesz taki poziom przygotowania, że w Twoim życiu wydarzą się niesamowite rzeczy.

ROZDZIAŁ DRUGI

Musisz mieć cel

Tytuł tego rozdziału dosyć jasno ukazuje moje podejście do celów i inwestowania w nieruchomości. Wyznaczenie sobie celu nie jest opcją. Jest to pierwszy krok tego procesu. Z tego rozdziału dowiesz się, jak wyznaczać swój cel, jaki powinien być cel realny oraz jak określić ważne etapy prowadzące do jego osiągnięcia. Zaczniesz mieć świadomość tego, jakie korzyści płyną z wyznaczania sobie celów, i odkryjesz, w jaki sposób „siła celu" może być Twoim kluczem do sukcesu.

Gdy ja zaczynałem, miałem cel. Chciałem być moim własnym szefem. Miałem już dosyć pracowania dla kogoś innego i sam chciałem założyć jakiś biznes. Wprawdzie nigdzie nie zapisałem wtedy mojego celu, nie powiedziałem też o nim zbyt wielu osobom. Tak naprawdę to chyba nigdy nie wyjawiłem go nawet sobie. Jestem przekonany, że bardziej go czułem.

Dopiero kilka lat później rzeczywiście zdałem sobie sprawę z siły celu, czyli energii, jaką czujesz, gdy już wyznaczysz sobie cel i potem koncentrujesz wszystkie swoje starania, żeby go osiągnąć. Dzięki temu jesteś skupiony – jesteś zdecydowany; i ostatecznie w wyniku tego odnosisz sukces. Nie wiem, czy ktokolwiek przede mną użył terminu „siła celu". Wyrażenie to zdawało się dokładnie oddawać znaczenie kwestii, na którą w tej chwili chciałbym zwrócić Twoją uwagę, mianowicie, że posiadanie celów sprawia, iż jesteś silny.

Czym jest cel?

Łatwo jest być przeczulonym na punkcie terminologii. Czy to jest cel? Czy to jest wizja? A może to misja? Możesz teraz o tym wszystkim zapomnieć. Nie przejmuj się też definicjami w podręcznikach. Moim celem w odniesieniu do tej książki jest to, aby stała się ona bestsellerowym przewodnikiem, który uprości proces inwestowania w nieruchomości, pokazując, jak znajdować i kupować nieruchomości oraz właściwie nimi zarządzać. Równie dobrze mogę więc zacząć od wyznaczania celów.

Cel to coś, co planujesz osiągnąć

Mówiąc najprościej, cel to coś, co planujesz osiągnąć. Może Twoim celem jest kupienie jednej nieruchomości w ciągu 12 miesięcy. Albo może chcesz wygenerować dochód w wysokości 5 tysięcy w ciągu 2 lat. Możesz nawet ustawić poprzeczkę bardzo wysoko i postanowić, że w ciągu 5 lat zostaniesz największym w swoim mieście właścicielem nieruchomości pod wynajem.

Jakikolwiek cel sobie obierzesz, zadbaj o to, aby było to coś, co planujesz osiągnąć. Nie ma nic bardziej bezwartościowego niż cel, który trafia do szuflady i nigdy nie zostanie zrealizowany. Jest to wtedy jedynie marzenie. W marzeniach nie ma żadnej siły, dopóki się ich nie zacznie spełniać.

Twój cel powinien być mierzalny

Twój cel powinien być mierzalny. Mój cel, który zakładał, że będę moim własnym szefem, tak naprawdę nie był dobrym celem. Jak powiedziałem, potrzebowałem wielu lat, żeby się nauczyć, jak wyznaczać cele i wykorzystywać ich siłę. Mój cel byłby o wiele lepszy, gdyby zawierał limit czasowy (powiedzmy – że zostanę swoim własnym szefem w ciągu jednego roku) albo określony poziom przychodu (na przykład 75 tysięcy rocznie).

Cele, które są nieprecyzyjne, są trudne do osiągnięcia i jeszcze trudniej jest się ich trzymać. Jeżeli na przykład Twój cel nie zawiera limitu czasowego, sumy pieniędzy czy porównania stanowiska, to skąd będziesz wiedział, że go zrealizowałeś? Jest to praktycznie niemożliwe.

Pewien znajomy inwestor na rynku nieruchomości ma bardzo mierzalny cel, by kupować jedną 2-mieszkaniową nieruchomość rocznie. Inny postawił sobie cel zakupu 10 domów w takim samym okresie. Chcę przez to powiedzieć, że te cele są możliwe do osiągnięcia i że są mierzalne. Jaki będzie Twój cel?

Twój cel powinien być osiągalny

Cele muszą być realne i osiągalne, w przeciwnym wypadku albo trafią do szuflady i nigdy się nie urzeczywistnią, albo będą zmienione po drodze tak, aby były łatwiejsze do zrealizowania. Ten drugi scenariusz jest do zaakceptowania, ale cele, które zbyt wysoko ustawiają poprzeczkę, mogą powodować uczucie porażki, jeżeli nie zostaną osiągnięte. Z drugiej strony mogą wzbudzać wielkie emocje, jeśli uda się je zrealizować.

Mój pierwszy cel – abym został swoim własnym szefem – był bardzo możliwy do osiągnięcia, gdy patrzę na niego z perspektywy czasu. Ale wtedy zdawał się być ambitnym marzeniem. Przecież miałem stałą pracę, która pozwalała mi utrzymać samochód, dom oraz mój styl życia. Decyzja o tym, żeby z tego wszystkiego zrezygnować, była przerażająca, ale wiedziałem, że było to coś, co musiałem zrobić. Mój cel, choć wzniosły, nie był niemożliwy do osiągnięcia. I to dało mi nadzieję, motywację oraz pragnienie jego realizacji.

Jak masz określić swój cel

Aby wyznaczyć sobie cel, musisz być szczery w stosunku do samego siebie i zastanowić się nad tym, czego tak naprawdę chcesz w życiu. Oznacza to, że musisz poświęcić swój czas i pomyśleć, czego chcesz dla siebie i swojej rodziny obecnie, w najbliższych latach oraz w odległej przyszłości. Może to nawet obejmować aspiracje, jakie masz w stosunku do Twoich dzieci. Jeśli uważasz, że takie szczegółowe określanie celów jest stratą czasu, powinieneś zastanowić się nad tym ponownie.

Dzięki członkostwu w związku o nazwie *Young Entrepreneurs' Organization* (Organizacja Młodych Przedsiębiorców) odkryłem dwa fantastyczne programy poświęcone wyznaczaniu celów. Należę do arizońskiego oddziału tej organizacji i moje członkostwo jest jedną z najlepszych decyzji biznesowych, jakie podjąłem w mojej dotychczasowej karierze.

Pierwszy z tych programów nosi nazwę *Strategic Coach* (Instruktor strategiczny), stworzył go i cały czas prowadzi Dan Sullivan. Program ten opiera się na siedmiu zasadach, które mogą pomóc Ci opracować życiowy plan i dzięki którym będziesz nieustannie się rozwijał. Strategiczny instruktor spotyka się z Tobą co kwartał, aby skontrolować poczynione przez Ciebie postępy w osiąganiu Twojego celu.

Oto tych siedem zasad wspomagających ciągły rozwój:

1. Niech Twoja przyszłość zawsze będzie lepsza od Twojej przeszłości.
2. Niech Twój wkład będzie zawsze większy od Twojej nagrody.
3. Niech Twoja wiedza będzie zawsze większa niż Twoje doświadczenie.
4. Niech Twoje wystąpienie będzie zawsze lepsze niż otrzymane oklaski.
5. Niech Twoja wdzięczność będzie zawsze większa niż Twój sukces.
6. Niech Twoja radość będzie zawsze większa niż włożony wysiłek.
7. Niech Twoja pewność siebie będzie zawsze większa niż Twój komfort.

Drugi wspaniały program nazywa się *Setting Family Goals* (Wyznaczanie celów rodzinnych), a prowadzą go Charlie i Barbara Dunlap. Ten program skupia się na utrzymywaniu równowagi pomiędzy Twoim małżeństwem, rodziną i biznesem. Powinieneś przemyśleć kilka kwestii. Ile czasu przeznaczasz na zaplanowanie swojego dnia pracy? Ile czasu poświęcasz na planowanie dnia swojej rodziny lub małżeństwa? Gdybyś był podobny do mnie sprzed jakiegoś czasu, to planowanie pracy znajdowałoby się na pierwszym miejscu tej listy; natomiast bardzo niewiele czasu poświęcałem wówczas na planowanie moich celów rodzinnych.

Teraz, po spotkaniu z Charliem i Barbarą Dunlap, mam solidny plan dla mojego małżeństwa, mojej rodziny i pracy. Obecnie praca znajduje się na trzecim miejscu, po małżeństwie i rodzinie. Gdy już stworzyłem plany dla mojego małżeństwa i rodziny, w zasadzie stałem się lepszym biznesmenem, ponieważ moje osobiste cele połączyły się z tymi dotyczącymi pracy.

Charlie i Barbara mówią, że Twoje cele powinny być ogólne, ale konkretne rzeczy do zrobienia i pośrednie cele muszą pozytywnie przejść test SMART, czyli test MĄDRYCH celów, które muszą być:

S – specyficzne,
M – mierzalne,
A – ambitne i wyrażone na piśmie,
R – realistyczne,
T – terminowe.

Charlie jest także moim osobistym mentorem i spotykam się z nim raz w miesiącu. *Strategic Coach*, Charlie i Barbara Dunlap oraz inne, podobne organizacje każdego roku przyjmują tysiące ludzi, którzy chcą uczestniczyć w tych programach. Wszyscy oni wyznaczają sobie cele i doprowadzają swoje życie do porządku... celowo. Jeżeli myślisz, że to szaleństwo, to wiedz, że wokół tego pojęcia rozwinęły się całe branże przemysłu, a ludzie na całym świecie wykorzystują wyznaczanie celów, aby spełnić swoje marzenia.

Mówi się, że jeżeli cel nie jest zapisany, to jest on jedynie marzeniem. Słyszałem także, że cel pozostaje jedynie w sferze marzeń, jeśli nie zakłada limitu czasowego. Dawno temu podjąłem decyzję, że nie będę ryzykował mojej przyszłości, stawiając na życzenia i marzenia. Zamiast tego mądrze wyznaczam sobie cele z pomocą ludzi takich jak Charlie i Barbara. Możesz skontaktować się z organizatorami programu *Setting Family Goals*, wysyłając e-maila na adres: ChadDunCo@aol.com.

Ludzie wyznaczający sobie cele obierają życiowy kurs i podążają nim. Oczywiście, że czasem zdarzają się na tej drodze wyboje i że niekiedy zbaczają z tego kursu – a nawet celowo go zmieniają, ale najważniejszy jest tu fakt, że cele dają im kontrolę nad ich własnym życiem.

Twój cel może ewoluować z biegiem czasu

Przez kilka lat pracowałem dla samego siebie jako jeden z dwóch głównych właścicieli zlokalizowanej w Arizonie spółki MC Companies – firmy zajmującej się inwestowaniem w nieruchomości, którą mój wspólnik i ja posiadamy do dziś – i po pewnym czasie zacząłem dostrzegać, że mój cel ewoluował. Chciałem więcej, niż tylko być swoim własnym szefem. Uświadomiłem sobie, że pragnę wolności. Chciałem być wolny pod względem finansowym, aby móc robić to, na co mam ochotę w życiu, na przykład spędzać czas z dziećmi, uczyć ich baseballu i podróżować z moją rodziną. Wiedziałem, że ten cel może być osiągnięty jedynie poprzez zgromadzenie majątku, którego wartość z czasem wzrośnie. Tak więc zarówno mój wspólnik, jak i ja poza zarządzaniem zaczęliśmy inwestować w nieruchomości. Obecnie mam mierzalny cel związany z finansową wolnością. Jeszcze go nie osiągnąłem, ale pracuję nad tym!

Nie ma nic złego w celu, który z czasem ewoluuje, chyba że zmieniasz go za każdym razem, gdy natrafisz na przeszkodę. Zachowanie takie nazywamy unikaniem. Z czasem, gdy będziesz starał się osiągnąć swój cel, Twoje doświadczenie sprawi, że będziesz mądrzejszy. Może nawet spojrzysz na pewne rzeczy w zupełnie inny sposób. Twój cel może się zmienić pod wpływem tej nowej wiedzy. Mój cel zakładał, że będę swoim własnym szefem, ale zamienił się w dążenie do zdobycia finansowej wolności. A teraz moim celem jest pomagać innym, którzy chcą zrobić to samo.

Bądź przed kimś odpowiedzialny

Gdy kilka lat temu jako cel wyznaczyłem sobie odzyskanie kondycji fizycznej, wiedziałem, że będę miał większe szanse na sukces, jeżeli znajdę partnera, to znaczy kogoś, z kim spotykałbym się każdego ranka na siłowni. Kogoś, kto nakłaniałby mnie do zrobienia jeszcze jednej serii na ławeczce. Kogoś, kto w te poranki, gdy nie chciałoby mi się biegać, zawsze czekałby na mnie przed domem o 5.30. To jest odpowiedzialność przed kimś; cele są łatwiejsze do osiągnięcia, jeżeli ktoś – jedna osoba lub więcej – popiera Cię i zachęca.

W firmie MC Companies moim wspólnikiem jest Ross McCallister. Ross i ja pomagamy sobie nawzajem, żeby trzymać się kursu wyznaczonego przez nasz 5-letni plan strategiczny. Nasz plan jest także znany w całej firmie – wszystkim stu pięćdziesięciu pracownikom. Dzięki temu, że włączyliśmy wszystkich do naszej wizji, każdy wie, co ma robić. Jesteśmy też odpowiedzialni przed sobą nawzajem i wszyscy podążamy w tym samym kierunku.

Osobą, przed którą jesteś odpowiedzialny, może być Twój partner w biznesie, przyjaciel, mąż lub żona albo więcej osób – nawet Twoi inwestorzy lub pracownicy. Ważne jest, aby znaleźć kogoś, kto będzie Cię zachęcał i wspierał w Twoim przedsięwzięciu. Nie chcę przez to powiedzieć, że masz znaleźć kogoś, kto nigdy nie będzie kwestionował Twoich decyzji. Potrzebujesz osoby, która twardo stąpa po ziemi, ale jednocześnie popiera Twoje marzenie.

Jak masz osiągnąć swój cel

Wyznaczenie sobie celu jest z pewnością ważnym pierwszym krokiem, ale to, co zrobisz potem, tak naprawdę określa poziom sukcesu, który ostatecznie osiągniesz. Aby zrealizować moje cele, musiałem cztery rzeczy robić naprawdę dobrze: komunikować, planować, wytrwać i nie przestawać być skupionym. Przyjrzyjmy się tym ważnym pojęciom dokładniej.

Jasno zakomunikuj swój cel innym

Jeżeli boisz się powiedzieć komukolwiek o swoim celu, na wypadek gdybyś go nie zrealizował, pozbądź się tego strachu. Gdy masz już swój cel zapisany na papierze i wypalony w swojej psychice, przedstaw go wszystkim. Powiedz o nim swojemu pośrednikowi nieruchomości, swojemu prawnikowi, powiedz o nim przyjaciołom, krewnym, partnerom w biznesie, dosłownie każdemu, kogo znasz. Są to ludzie, którzy pomogą Ci go osiągnąć. I jeszcze jedno na wypadek, gdybym nie wyraził tego wystarczająco jasno: pamiętaj, że nigdy nie osiągniesz swojego celu sam.

Oto przykład hipotetycznego celu:

W ciągu 12 miesięcy kupimy w rejonie Phoenix 8-mieszkaniową nieruchomość, która przez kolejne 5 lat będzie generować średni dochód na poziomie 4 tysięcy dolarów rocznie.

To jest cel. Jest mierzalny i jasno określony. Z pewnością jest osiągalny. Jedyne, co pozostaje zrobić, to go zrealizować. Porównaj go z poniższym sztampowym, niemotywującym sformułowaniem celu:

Chcę zainwestować w jakąś nieruchomość i szukam dobrej transakcji kupna budynku pod wynajem, który wygeneruje dla mnie dodatkowy dochód.

Ten cel jest niezwykle ogólnikowy. Niełatwo byłoby go osiągnąć i trudno wprowadzić w życie. Zapomnij też o przekazaniu go innym! Ale niestety, większość ludzi w ten sposób określa i przekazuje innym swoje cele (jeśli można takie sformułowanie nazwać celem). Faktycznie brzmi to bardziej jak mrzonka.

Jeżeli o celu podobnym do tego w pierwszym przykładzie powiesz kilku pośrednikom nieruchomości, kilku brokerom nieruchomości oraz kilku zarządcom nieruchomości, to wiem, że się do Ciebie odezwą. Zechcą przedstawić Ci różne okazje, ponieważ będą wiedzieli, że poważnie o tym myślisz, że wiesz, czego chcesz, i że masz określony limit czasowy. Jeśli tym samym ludziom przedstawisz cel opisany w drugim przykładzie, to prawdopodobnie wcale się nie odezwą, bo nie będą wiedzieli, jakie masz oczekiwania. W tym wypadku nie mają jak tego ugryźć. Zostanie Ci przedstawionych niewiele okazji – jeśli w ogóle się jakieś trafią. Najprawdopodobniej będziesz musiał szukać ich sam. A biorąc pod uwagę ogólnikowość Twojego celu, czeka Cię dużo pracy.

Umiejętność skutecznego zakomunikowania Twojego celu innym daje Ci kontrolę. W przypadku pierwszego celu to Ty dowodzisz. W przypadku drugiego – jeśli jacyś pośrednicy nieruchomości się odezwą, to będą pokazywali Ci budynki, które *oni* chcą sprzedać, a którymi *Ty* niekoniecznie będziesz zainteresowany. To jest niebezpieczna pozycja.

Zorientujesz się, czy Twoje cele są konkretne, czy nie, jeśli posłuchasz tego, co mówisz. Kiedy w rozmowie z pośrednikiem powiesz: „Jeżeli pan coś będzie miał, proszę dać mi znać..." lub „Proszę się ze mną skontaktować, jeśli znajdzie pan coś w miarę dobrego...", to znak, że musisz dokładniej określić swój cel. Wyrażenia takie są charakterystycznymi oznakami ogólnikowości.

Planuj i wyznaczaj etapy realizacji

Gdy już jednoznacznie zdefiniujesz swój mierzalny cel, dobrze byłoby, byś określił także drogę, którą zamierzasz iść, aby go osiągnąć. Oznacza to sporządzenie planu i wyznaczenie etapów jego realizacji, tak abyś wiedział, gdy uporasz się z kolejnymi ważnymi jego punktami.

Istnieją podstawowe etapy realizacji, które wiążą się z Twoim zachowaniem i z wolnością finansową.

Jakie zachowania powinniśmy zmienić lub wyeliminować?

Zmiana zachowania – lista zadań

Podróżowanie do pracy codziennie tą samą drogą
Godzinne posiłki w pracy
Oglądanie telewizji co wieczór

Zmieniając swoje przyzwyczajenia w trzech momentach Twojego dnia, wyznaczasz etapy na drodze do realizacji Twojego celu. Podróżowanie do pracy różnymi drogami pozwoli Ci cieszyć się zawsze inną scenerią oraz pomoże dowiedzieć się czegoś o rynku i znajdujących się na nim nieruchomościach. Sprawi też, że zaczniesz rozumieć charakterystykę ruchu kołowego i da nowe spojrzenie na nowe okolice. Jeśli na lunch poświęcisz tylko pół godziny, to przez drugie pół możesz telefonować, spotykać się ze swoim zespołem, a nawet oglądać nieruchomości. A jeżeli lubisz liczby, to zaoszczędzone pół godziny dziennie da Ci dodatkowo 10 godzin miesięcznie! Natomiast wyeliminowanie telewizji lub przynajmniej skrócenie czasu jej oglądania przyniesie Ci niezliczone godziny wieczorami. Możesz w tym czasie pracować nad swoim biznesem. Przyjrzyj się swoim własnym zachowaniom i zmodyfikuj je, żeby osiągnąć swoje cele.

Ile pieniędzy musisz zarabiać, żeby być wolnym pod względem finansowym, i co zamierzasz zrobić, aby to zrealizować?

Finansowa wolność – lista zadań

Zsumuj swoje wydatki osobiste
Ustal, co możesz zredukować lub wyeliminować,
bez czego możesz się obejść
Oblicz, ile nieruchomości musisz kupić,
aby pokryć swoje koszty w całości

Przez lata tworzyłem system, którego używam za każdym razem. Poznasz ten system, czytając tę książkę. Wyznaczone przez Ciebie etapy realizacji powinieneś także jasno przedstawić swoim partnerom biznesowym oraz każdemu, kogo spotkasz. Nigdy nie wiadomo, kto będzie miał dla Ciebie idealną okazję kupna nieruchomości, zatem im więcej szczegółów możesz przekazać na samym początku, tym lepiej.

Biznes – lista zadań
Stwórz swój zespół
Dokonaj analizy rynku
Znajdź nieruchomość
Zleć jej wycenę
Stwórz plan dotyczący tej nieruchomości
Opracuj budżet
Zarządzaj nieruchomością

Wykorzystaj powyższe tabele, aby określić swoje cele. Bądź sam ze sobą szczery i zapisz te rzeczy, które naprawdę planujesz osiągnąć.

Wytrwaj i pokonaj wszelkie przeszkody

Jeżeli kiedykolwiek uczestniczyłeś w jakimś przedsięwzięciu inwestycyjnym albo jeśli tworzyłeś coś od zera, to wiesz, że trwa to zwykle dwa razy dłużej, niż zakładałeś, wymaga dwa razy większego nakładu pracy i kosztuje o wiele więcej, niż się tego spodziewałeś. Tak już jest, więc nigdy mnie to nie dziwi. Każdy projekt niesie ze sobą przeszkody, czyli rzeczy, które sprawiają, że musisz się napracować – jeśli wolisz patrzeć na to w ten sposób – lub takie, dzięki którym praca jest ciekawa. Ja wolę tę drugą opcję.

Kupno naszych budynków przy plaży w Portland na pewno będzie świetną inwestycją. Leżą one nad rzeką Willamette River i – jak wspomniałem wcześniej – są w części zbudowane na pomoście. Z budynków roztaczają się widoki na rzekę, a cały projekt składa się z ponad 300 mieszkań. W całym mieście nie ma niczego podobnego. Wygląda to jak marzenie, które się ziściło. Jednak wiele osób na początku uznałoby to za koszmar. Począwszy od problemów wynikających z wieloletnich zaległych napraw po rozwiązywanie licznych wad konstrukcyjnych – z wszystkim tym musieliśmy sobie poradzić. Mogliśmy pozwolić, aby te trudności i dziesiątki innych powstrzymały nas od sfinalizowania tej transakcji, ale w głębi serca wiedzieliśmy, że ta nieruchomość jest warta zachodu; że jest warta poradzenia sobie z każdą z tych przeszkód. Znaleźliśmy rozwiązania i zainwestowaliśmy tyle pieniędzy, ile było konieczne, żeby wydobyć z tego niesamowitego projektu jego cały potencjał.

W przypadku inwestowania w nieruchomości powiedzenie: „Dla chcącego nic trudnego" jest bardzo wymowne.

Cały czas bądź skupiony

Celom i sukcesowi towarzyszy dziwna rzecz. Im bliższy jesteś osiągnięcia swojego celu i im więcej sukcesów odnosisz, tym więcej okazji pojawia się na Twojej drodze. Niemalże co tydzień będą Cię kusiły nowe nieruchomości i inne okazje biznesowe, dzięki którym mógłbyś zwiększyć Twój dochód. Wszędzie będą się pojawiać „pewniaki".

Przynajmniej tak było i nadal jest w moim przypadku. Wszystkie te okazje są świetne, ale nie możesz pozwolić im odciągnąć Cię od Twojego celu. Opowiem Ci o tym, co mnie kiedyś spotkało. Po tym, jak do znacznych rozmiarów rozwinęliśmy nasz biznes zajmujący się zarządzaniem nieruchomościami i zaczęliśmy szukać sposobów, żeby zwiększyć nasze dochody, postanowiłem, że założę firmę czyszczącą wykładziny. Było to wtedy logiczne: mieliśmy w końcu tysiące mieszkań – z wykładzinami, które trzeba było czyścić. Dlaczego ten biznes miał przypadać w udziale jakiejś innej firmie? Tamta nauka kosztowała mnie ćwierć miliona dolarów. Ale gorszy niż strata pieniędzy był fakt, że przynajmniej na rok lub dwa straciłem z pola widzenia mój cel. Zwolniło to tempo naszego rozwoju. Gdyby nie to, nasza firma o wiele szybciej osiągnęłaby wyznaczony cel. Powinienem chyba powiedzieć, że przy tamtej transakcji nauczyłem się dużo więcej.

W miarę jak pojawiają się okazje, zadawaj sobie takie pytania: „Iloma piłkami chcę żonglować? Jeżeli zabiorę się za ten projekt, to czy poradzę sobie z kolejnymi dziesięcioma piłkami w powietrzu? I co ważniejsze, czy realizacja tego projektu przybliży mnie do osiągnięcia mojego celu?". Jeżeli Twoim celem jest kupienie 8-mieszkaniowej nieruchomości, która będzie generowała zysk na poziomie 4 tysięcy dolarów rocznie w ciągu kolejnych 5 lat, to czy nadarzająca się świetna transakcja kupna domu jednorodzinnego przybliży Cię do jego osiągnięcia? Nie, nie przybliży, a w zasadzie odwróci Twoją uwagę od pierwotnego celu i z pewnością nie przyniesie Ci 4 tysięcy dolarów rocznego przychodu przez kolejne 5 lat. Jeśli jesteś nastawiony na realizację swojego celu – a powinieneś być – to niekiedy będzie to oznaczało rezygnację ze świetnych transakcji, które nie mogą zbliżyć Cię do jego realizacji. Skupienie jest równoznaczne z dyscypliną.

Wyznaczanie celów nie jest opcją, ale wymogiem, gdy chcesz osiągnąć sukces. Im wcześniej zaczniesz określać swój cel, tym szybciej będziesz gotowy przejść do kolejnego etapu, którym jest tworzenie Twojego zespołu.

Po przeczytaniu rozdziału drugiego

- Postaraj się zrozumieć i uwierzyć w siłę celu jako środka do realizacji swoich marzeń.
- Przeanalizuj swoje dążenia i wyznacz cel dla Twojego biznesu zajmującego się inwestowaniem w nieruchomości.
- Nie bój się mówić innym o swoim celu; powiedz im o nim, nawet jeżeli może Ci się nie udać go osiągnąć.
- Znajdź kogoś, przed kim możesz być odpowiedzialny.
- Powiedz każdemu, kogo spotkasz, o swoim celu.
- Wyznacz sobie etapy – małe kroki – na drodze do realizacji swojego celu.
- Powiedz wszystkim o tych etapach.

ROZDZIAŁ TRZECI

Potrzebny jest zespół

Kto powiedział: „Nikt nie jest samotną wyspą"? Ktokolwiek to był, mógłby żyć w XXI wieku, ponieważ dziś nie robimy nic bez pomocy innych ludzi. Nawet gwiazdy filmowe zdobywające nagrody Akademii Filmowej kiedy podchodzą do podium, stają przed tłumem, uśmiechają się, ale nigdy nie mówią: „Dziękuję. Jestem cudowna, bo dokonałam tego wszystkiego sama". Natomiast najczęściej potrzeba niebywałych umiejętności, żeby ściągnąć tych ludzi ze sceny, gdy zaczynają dziękować setkom współpracowników, którzy pomagali im przez cały czas. Każdy ma zespół.

W biznesie, jakim jest kupowanie nieruchomości inwestycyjnych, nie możesz sobie pozwolić na bycie samotnym jeźdźcem. Tak naprawdę niemożliwe jest osiągnięcie Twojego celu w pojedynkę – bez względu na to, co nim jest. I nikt się nie spodziewa, że to zrobisz. Wręcz przeciwnie: oczekujemy, że stworzysz rozległą sieć i zwarty zespół, który będzie stanowił Twoje najbardziej wartościowe źródło informacji.

Do czego potrzebny jest zespół?

Współpraca z zespołem ekspertów, z którymi można się w każdej chwili skontaktować, nie jest darmowa, nie jest też tania. Są to dwa główne powody, dla których wielu niedoświadczonych inwestorów popełnia szkolny błąd: próbują oni robić niemalże wszystko sami. W ten sposób na krótką metę na pewno oszczędzą jakąś kwotę, ale w efekcie zwykle na tym tracą. Jeśli nie masz ekspertów w swoim zespole, potrzebujesz więcej czasu na znajdowanie, ocenianie i finalizowanie transakcji, tracisz więc swój cenny czas i wartościowe okazje. Osoby, które chcą wszystko robić same, nie zauważają szczegółów. Eksperci od razu dostrzegliby na przykład, że w kontraktach brak jakichś klauzul, zwróciliby uwagę na oczywiste wady konstrukcyjne i na setki, jeśli nie tysiące, innych kwestii, o których powiedzieliby Ci już na samym początku.

Zespół ekspertów u Twego boku oznacza, że spotka Cię mniej niespodzianek, gdy będziesz niejednokrotnie przemierzał niespokojne wody, jakimi są kupowanie i zarządzanie nieruchomościami. Niespodzianki są świetne na urodziny, ale te, które wiążą się z nieruchomościami inwestycyjnymi, zwykle nie są zbyt mile widziane.

Przykład z życia

Pewien inwestor z Seattle też postanowił działać całkiem sam. Tuż po tym, jak dokonał zakupu 100-mieszkaniowej nieruchomości, zadzwonił do nas i poprosił o pomoc w zarządzaniu nią. Słowem-kluczem w tej historii jest „po". Nieruchomość znajduje się w Phoenix, a on nie miał żadnego związanego z nią planu. Nigdy wcześniej nie był w żadnym z tych mieszkań; nikogo nie zapytał o to, jacy mieszkali tam lokatorzy. Nie sprawdził nawet, w jakiej okolicy znajdowała się ta nieruchomość. Z naszej rozmowy jednoznacznie wynikało, że nie dokonał wcześniej żadnej analizy tej nieruchomości; kupił ją, w ogóle nie zobaczywszy jej wcześniej. Budynek był w bardzo złym stanie – mówiąc wprost, powinien być przeznaczony do rozbiórki – a co gorsza, zamieszkiwali go członkowie gangów. Nawet miejska komenda policji otrzymała polecenie, żeby nigdy nie wchodzić na jego teren bez wsparcia.

Początkowe lenistwo tego mężczyzny kosztowało go mnóstwo pieniędzy. Zastanawiam się teraz dlaczego, ale podjęliśmy się zarządzania tą nieruchomością, choć koszt doprowadzenia jej z powrotem do stanu używalności był dość wysoki. Byli potrzebni zewnętrzni wykonawcy usług różnego rodzaju, prawnicy – i zatrudniliśmy ich wszystkich. Tylko po to, aby pozbyć się „menelstwa", rozesłaliśmy nakazy eksmisji, dzięki którym nieruchomość prawie całkowicie opustoszała. Oznaczało to, że właściciel, żeby móc znowu ją wynająć, musiał cierpliwie znosić miesiące znacznie niższego przychodu oraz astronomicznych kosztów reklamy. Stan budynku był opłakany i doprowadzenie go do ładu trwało dobre pół roku. Gdyby ten mężczyzna poświęcił trochę czasu na stworzenie sieci ludzi w Phoenix, zanim kupił tę nieruchomość, to albo odradziliby mu jej zakup, albo rozpoznaliby wszystkie problemy, tak aby mógł opracować plan poprawy jej stanu.

To jest tylko jeden przykład, a istnieją tysiące innych. Chodzi tu po prostu o to, że mądry inwestor płaci na początku, a potem czerpie korzyści. Honoraria, które zapłaciłby ten właściciel nieruchomości z Seattle, aby jego zespół z Phoenix odwiedził tę nieruchomość i przygotował jeden czy dwa raporty, byłyby małym wydatkiem w porównaniu z tym, ile kosztowało go przywrócenie tej inwestycji do stanu używalności – a koszty te musiał pokryć z własnej kieszeni. Gdyby nakład pracy określono już na początku, to koszt remontu tej nieruchomości zostałby uwzględniony w cenie sprzedaży. Stwórz swój zespół już teraz. Oszczędzisz pieniądze i będziesz przygotowany na wszelkie ewentualności.

A oto jeszcze jedna dodatkowa korzyść. Często to zespół, który tworzysz, staje się podstawą całej Twojej sieci. Potraktuj swoją sieć jak linę ratowniczą. Ta grupa ludzi nie tylko pomoże Ci w przeprowadzeniu transakcji, nad którymi obecnie pracujesz, ale także pokaże Ci kolejne okazje – zwłaszcza jeżeli jasno przedstawiłeś jej swój cel – o czym była mowa w poprzednim rozdziale. Nie jest to konieczne, żebyś sam wykonywał całą pracę. Potrzebujesz ekspertów. Sam postępuję tak od lat i do dziś polegam na zespole ekspertów. Bez nich nie sfinalizowałbym żadnej transakcji.

Mój szwagier jest księgowym

Różni ludzie różnie myślą o wchodzeniu w spółki z członkami rodziny. Jedni mówią: „Wchodź w to, bo możesz sporo oszczędzić", inni, żeby unikać tego za wszelką cenę. Ja znajduję się gdzieś pośrodku. Moim zdaniem przyjmowanie członków rodziny do swojego zespołu lub nawet wchodzenie z nimi w spółki nie jest złe pod warunkiem, że podejmujesz świadomą decyzję i wiesz, z czym się to może wiązać. W takiej sytuacji będziesz musiał mieć oczy szeroko otwarte, ponieważ, powiedzmy sobie szczerze, stawką jest najbliższa wigilia. Wiele rodzin z powodzeniem łączy relacje biznesowe z osobistymi. Inne nie opanowały jeszcze tej sztuki. Tylko Ty wiesz, jak jest w Twojej rodzinie.

Sytuacja, w której w Twoim zespole znajdują się członkowie Twojej rodziny, ma zarówno zalety, jak i wady – te najważniejsze przedstawiono poniżej.

Zalety i wady pracowania z członkami rodziny

Zalety

- To proste. Zaletą tego rozwiązania z pewnością jest łatwość. Jeżeli mój szwagier jest księgowym, może mi to oszczędzić nieprzyjemnego obowiązku. Nie muszę szukać kogoś innego.
- Jest spokój. W niektórych rodzinach może dojść do nieprzyjemnych sytuacji, jeżeli *nie* skorzystasz z usług rodzinnego specjalisty.
- Niskie lub żadne koszty. Często członkowie rodziny świadczą krewnym swoje usługi za darmo.

Wady

- Mniejszy obiektywizm. Niełatwo jest z członkiem rodziny odbywać trudne rozmowy, które w biznesie się zdarzają, i kolejnego dnia dzielić się opłatkiem.
- Mniejsza możliwość negocjacji. Co roku ustalam stawki i honoraria ze wszystkimi moim współpracownikami, co jest trudne z członkami rodziny.
- Pogorszenie relacji rodzinnych. Niejednokrotnie rodziny się rozpadają z powodu złych działań biznesowych.

Którąkolwiek drogę wybierzesz – czy zatrudnisz rodzinnych fachowców, czy nie – wiedz, że rozmiar Twojego sukcesu będzie wprost proporcjonalny do stopnia Twojej uczciwości. Każdy lubi pracować ze sprawiedliwymi i uczciwymi ludźmi. Ta książka i opisane w niej metody są oparte na tych wartościach. Zadbaj o nie, a gwarantuję, że będziesz lepiej sypiał i na pewno ludzie będą tłumnie chcieli z Tobą pracować.

Wspólnicy – dobry czy zły pomysł

Mój wspólnik Ross pracuje ze mną w firmie MC Companies prawie od samego początku. Jego i moje umiejętności idealnie ze sobą współgrają.

On zajmuje się budowaniem i adaptacją nieruchomości, a ja ich zarządzaniem i prawidłowym funkcjonowaniem. Obaj angażujemy się w ich kupowanie i każdy z nas patrzy na daną transakcję ze swojej perspektywy. Jesteśmy ze sobą w świetnych relacjach, a ponieważ darzymy się wzajemnym szacunkiem i jesteśmy wobec siebie szczerzy, to taki układ się sprawdza. Jeden drugiego zachęca także do dalszego działania, tak jak to opisałem w poprzednim rozdziale. Wspaniale jest mieć kogoś, przed kim jest się odpowiedzialnym. Razem osiągnęliśmy o wiele więcej, niż byłoby to możliwe, gdyby każdy z nas działał w pojedynkę.

Cechy dobrej spółki

Niektóre spółki po prostu muszą odnieść sukces, inne od samego początku skazane są na porażkę. Co jest tym być albo nie być dla każdej spółki? Oto kilka wspólnych cech wszystkich dobrych spółek:

- zdrowa dyskusja: dobrze jest znaleźć miejsce na dyskusję, zanim podejmiecie jakąkolwiek decyzję;
- otwartość: nie powinieneś spędzać swojego cennego czasu na nieustannym przekonywaniu swojego wspólnika o słuszności Twoich celów;
- zaangażowanie: Ty i Twój wspólnik powinniście być zaangażowani w realizację Twoich i jego celów;
- podobne wartości: Ty i Twój wspólnik powinniście wyznawać podobne wartości;
- odpowiedzialność: i Ty, i Twój wspólnik powinniście zachęcać się nawzajem do osiągania celów i dobrze by było, gdybyście byli za to odpowiedzialni przed sobą nawzajem.

Te elementy pomogą Ci stworzyć spółkę w Twoim biznesie. Teraz zajmę się tym, jak współpracować z ludźmi spoza Twojej firmy: to proces tworzenia Twojego zespołu.

Twój najważniejszy zespół

Poniżej wymienię wszystkich profesjonalistów, którzy ostatecznie będą wchodzili w skład Twojego zespołu, oraz omówię sposoby ich oceny i wyboru. Choć listy te mogą wydawać się przytłaczające, nie obawiaj się

– nawiążesz takie kontakty z biegiem czasu i nie zawsze będziesz potrzebował tych wszystkich ludzi naraz. Nie ma potrzeby, żeby już teraz szukać na przykład firmy zajmującej się układaniem kostki brukowej, jeśli nie masz parkingu, który wymaga zmiany nawierzchni. Aby zacząć, potrzebujesz kilku kluczowych członków zespołu: księgowego, brokera i zarządcy nieruchomości. Przedstawię Ci teraz pełne listy, abyś mógł się przygotować.

Twój zespół biznesowy

Zanim zrobisz cokolwiek, choćby wydrukujesz wizytówki i papier firmowy, stwórz właściwy biznes. Aby to zrobić, będziesz musiał porozmawiać z prawnikiem, który poradzi Ci, jaką formę prawną powinna mieć Twoja firma. Czy odpowiednia byłaby spółka z ograniczoną odpowiedzialnością czy jakaś inna forma osobowości prawnej? Będziesz musiał poznać zalety i wady każdej z nich, żeby podjąć tę decyzję. Niezależnie od tego, co wybierzesz, przyjęcie właściwej formy prawnej ochroni Twoje osobiste aktywa, a Tobie zapewni przywileje podatkowe. Jeżeli potrzebujesz więcej informacji, zanim stworzysz swój zespół biznesowy, powinieneś poprosić o spotkanie następujące osoby:

- **Twojego prawnika** – będziesz go potrzebował, aby złożyć dokumenty związane z rejestracją firmy. Możesz to zrobić sam, ale jeżeli nie jesteś pewny tego, co trzeba zrobić – odradzam takie działanie;
- **Twojego księgowego** – będzie mógł udzielić Ci porady podatkowej na podstawie informacji o Twojej sytuacji finansowej.

Zespół wyszukujący nieruchomości

W skład tego zespołu powinni wejść ludzie, których najprawdopodobniej będziesz musiał znaleźć sam. Proponuję przeprowadzić rozmowy z kilkoma profesjonalistami z każdej dziedziny, aż znajdziesz ludzi, którzy Ci się spodobają, którzy znają rynek, wyznają te same wartości i którzy rozumieją, że ich zadaniem jest pomoc Tobie w osiągnięciu Twojego celu. Tacy profesjonaliści mogą Ci także pomóc zebrać resztę Twojego zespołu, zwłaszcza ludzi odpowiedzialnych za przegląd nieruchomości, powszechnie nazywany należytą analizą stanu, gdy już wpłacisz zaliczkę.

- **Broker nieruchomości** pomoże Ci zrozumieć rynek i znaleźć nieruchomości.
- **Zarządca nieruchomości** pomoże Ci ocenić nieruchomości, których kupno rozważasz, z perspektywy ich wyników. Dzięki jego analizie będziesz miał dość dokładny obraz tego, czego możesz się spodziewać po danej nieruchomości.

Zespół ofertowy

Twój zespół wyszukujący nieruchomości najprawdopodobniej skieruje kilku lub wszystkich tych profesjonalistów do Ciebie, gdy będzie to konieczne. To jest kolejny powód, dla którego to, kogo wybierzesz na swojego brokera i menedżera nieruchomości, jest takie ważne. Decydują oni o charakterze całego zespołu i przez to mają wpływ na jakość Twojego środowiska pracy. Wybieraj mądrze!

- **Prawnik** z pewnością pomoże Ci założyć Twój biznes, ale będzie Ci też służył pomocą w uporaniu się ze wszystkimi umowami przedwstępnymi i umowami kupna-sprzedaży.
- **Kredytodawca lub pośrednik kredytowy**. Znajdź takiego kredytodawcę lub pośrednika, który rozumie biznes inwestowania w nieruchomości. Osoby takie nie tylko pożyczą Ci pieniądze, ale także dostarczą informacji na temat nieruchomości, które są na sprzedaż.
- **Inwestorzy**. Mówiąc o swoich celach i pracując nad stworzeniem zespołu, powinieneś znaleźć kilku inwestorów, którzy będą chcieli inwestować w nieruchomości pod wynajem.
- **Przedsiębiorca budowlany albo fachowiec**. Fachowcy widzą rzeczy, których ani Ty, ani ja nie dostrzegamy, gdy oglądamy nieruchomość. Zanim podpiszę umowę kupna-sprzedaży, zlecam fachowcom przeprowadzenie szczegółowego przeglądu i sporządzenie raportu przedstawiającego wszystkie niezbędne i dodatkowe naprawy.

Inni członkowie zespołu

Od czasu do czasu może się okazać, że potrzebujesz tych profesjonalistów do pomocy w projektach, które powstają, gdy rozważasz kupno nieruchomości lub gdy już ją posiadasz. Jak osoby na poprzedniej liście, tak, innych członków Twojego zespołu, których umiejętności będziesz potrzebował, znajdziesz z polecenia.

- **Księgowy**. Twój księgowy nie tylko wesprze Cię przy organizowaniu finansów Twojego biznesu, ale także pomoże Ci przygotować szacunkowe zestawienia zysków i strat dla nieruchomości, które zamierzasz kupić.
- **Rzeczoznawca**. Jest to bardzo ważny członek zespołu – powinien się specjalizować tak w Twoim rynku, jak i w rodzaju nieruchomości, które Cię interesują. Ten profesjonalista pomoże Ci określić szacunkową wartość nieruchomości przed sprzedażą i po niej.
- **Architekt**. W przypadku niektórych nieruchomości potrzeba czegoś więcej niż tylko nowej warstwy farby i przycięcia żywopłotu, aby doprowadzić je do stanu używalności. Architekt będzie mógł przygotować nowe projekty przebudowy i renowacji nieruchomości – dzięki temu może poprawić się jej wygląd zewnętrzny oraz wyniki.
- **Agent ubezpieczeniowy**. Osoba ta zapozna Cię z możliwościami należytej ochrony Twojej nieruchomości. Właściwe ubezpieczenie za odpowiednią cenę będzie konieczne, jeżeli kupujesz nieruchomość.
- **Doradca podatkowy**. Podatki od nieruchomości są w tym biznesie faktem, a doradca taki może zadbać o to, by Twoje podatki były obliczane uczciwie i dokładnie. Ponadto przepisy podatkowe są skomplikowane i zawsze dobrze jest móc skorzystać z porady osoby, która na bieżąco śledzi przepisy.
- **Doradca inwestycyjny**. W miarę jak będzie rosła wielkość Twoich aktywów, doradca do spraw majątku będzie coraz częściej pomagał Ci je chronić i nimi rozporządzać na wypadek choroby lub śmierci.
- **Ekolog i specjalista do spraw bezpieczeństwa i higieny pracy**. Jeżeli podejrzewasz, że interesujący Cię budynek został zaatakowany przez grzyb, w jego konstrukcji użyto azbestu lub obawiasz

się innego zagrożenia ekologicznego, to będziesz potrzebował jednej z tych osób, aby przeprowadzić proces weryfikacji i – jeżeli to konieczne – usunięcia zagrożenia.

- **Geodeta**. Jeśli przebudowujesz nieruchomość, możesz potrzebować usług geodety, aby wyznaczyć linie graniczne działek, ocenić wzniesienie terenu i rozstrzygnąć inne kwestie tego typu.
- **Inżynier budowlany**. Twój wykonawca może stanąć przed problemem, który może stanowić zagrożenie dla stabilności konstrukcji budynku. Skontaktuj się wówczas z inżynierem budowlanym, który przeanalizuje tę kwestię i zaproponuje plan remontu budynku.

Zespół to po prostu ludzie, którzy pracują wspólnie, aby wykonać jakieś zadanie. Powinni być po Twojej stronie i wychodzić z założenia, że jeżeli Ty odniesiesz sukces, to i oni na tym skorzystają. Szukaj tak długo, aż znajdziesz ludzi, których cele i metody prowadzenia biznesu są takie jak Twoje.

Po przeczytaniu rozdziału trzeciego

- Musisz mieć świadomość tego, że aby odnosić sukcesy w tym biznesie, potrzebny jest zespół.
- Zdecyduj, czy chcesz mieć wspólnika.
- Oceń kandydatów na wspólników, wykorzystując do tego Twoją znajomość cech dobrej spółki.
- Najpierw stwórz swój zespół biznesowy – który stanowią prawnik i księgowy.
- Zacznij tworzyć swoją sieć i szukać członków do innych zespołów: zespołu wyszukującego nieruchomości, zespołu ofertowego oraz innych osób, których będziesz potrzebował od czasu do czasu.

ROZDZIAŁ CZWARTY

Czy analiza rynku może być dobrą zabawą?

Uczestnicy Seminariów Rich Dad, na których często zabieram głos, zawsze mnie pytają: „Jak mam znaleźć dobrą nieruchomość inwestycyjną?". Jest to z pewnością najczęściej zadawane pytanie, i to nie bez powodu. Całe to przedsięwzięcie przypomina szukanie igły w stogu siana; przynajmniej tak to wygląda, jeżeli nigdy dotąd tego nie robiłeś. Czy masz szukać ogłoszeń w gazecie, brać oferty z biur pośrednictwa nieruchomości, szukać nieruchomości w Internecie, jeździć w ich poszukiwaniu po okolicy? Wszystko to zdaje się bardzo chaotyczne. Prawdę powiedziawszy, wokół nas krąży dużo informacji na temat nieruchomości i istnieje wiele sposobów, żeby te informacje zdobyć – może nawet sposobów tych jest zbyt wiele. Gdy wiesz, które źródła są wiarygodne i jak uzyskać do nich dostęp, możesz oszczędzić sobie czasu i nerwów.

W tym rozdziale pokażę Ci strategię analizy rynku, bez której po prostu nie możesz się obejść. Zapoznając Cię z jedną z dokonanych przeze mnie transakcji kupna nieruchomości na nowym rynku, o którym nie wiedziałem zupełnie nic, pokażę Ci, jak metoda ta działa i co możesz dzięki niej zyskać. Aby tego wszystkiego dokonać, nie są potrzebne żadne sztuczki. Wystarczy dobrze się bawić, być otwartym na informacje dotyczące rynku, na którym działasz, wiedzieć, gdzie szukać, i podjąć się tego zadania.

Analiza rynku może przypominać wstępne poszukiwanie materiałów do referatu na studiach. Może jeszcze pamiętasz, co czułeś, gdy po raz pierwszy wszedłeś w tym celu do biblioteki. Patrząc na wszystkie te książki, czasopisma, elektroniczne bazy danych i mikrofilmy (jeżeli masz tyle lat co ja), czułeś się przytłoczony. Wiedziałeś, że informacje, których szukasz, gdzieś tam były; problem stanowiło ich znalezienie i zrozumienie.

Pierwszy referat był najtrudniejszy. Jednak gdy zapoznałeś się już z najlepszymi źródłami w bibliotece, każda następna praca tego typu była coraz łatwiejsza (przynajmniej tak mi powiedziano). Moi wykładowcy ze studiów byliby dziś ze mnie dumni, bo w końcu nauczyłem się przeprowadzać analizę. Nauczyłem się też, jak sprawić, żeby było to naprawdę dobrą zabawą. Świetnie się bawię, analizując rynki i nieruchomości, ponieważ proces ten nie jest dla mnie niczym więcej niż wykorzystywaniem źródeł, do których mam dostęp, aby zdobyć informacje i wiedzę na dany temat. W tym biznesie oznacza to rozmawianie z ludźmi, wycieczki po różnych okolicach, przyglądanie się nieruchomościom, nawet tym w Twoim rodzinnym mieście. Można odnieść wrażenie, że są to zaplanowane wakacje, które jesteś w stanie odliczyć sobie od podatku. Faktycznie może tak być, więc do dzieła!

Techniki analizy opisane w tym rozdziale pomogą Ci w trójnasób. Po pierwsze, pokażą przykłady różnych rynków, także tych lokalnych, w obrębie Twojego miasta. Im staranniejszą analizę przeprowadzisz, tym wyraźniejszy obraz rynku uzyskasz. Z kolejnych rozdziałów dowiesz się, dlaczego bardzo wyraźny obraz rynku na tym etapie oszczędzi Ci czasu i pieniędzy później. Po drugie, analiza ta pokaże Ci, jaki wpływ będzie miał rynek na Twoją inwestycję w nieruchomości. I po trzecie, przy odrobinie szczęścia już na etapie analizy możesz znaleźć informacje na temat innych nieruchomości inwestycyjnych (choć wcale nie musi tak być). Najważniejszym owocem Twoich obecnych starań jest obraz rynku. Na nieruchomości przyjdzie czas później.

Pogrupowałem rodzaje analiz, których dokonuję, w trzy łatwe do zdefiniowania, zrozumiałe kategorie. Opisy każdej z nich znajdują się poniżej.

Analiza pierwszego poziomu

Analizą pierwszego poziomu nazywam wszystkie czynności wstępne. Aby ją przeprowadzić, nie musisz nawet wychodzić z domu. Jest to analiza, której dokonujesz, zanim jeszcze wejdziesz na teren nieruchomości lub – jak to było w wypadku dokonanego przez nas zakupu wspomnianej nieruchomości w Portland – zanim przyjedziesz do danego miasta.

Musisz wiedzieć, że nie wybraliśmy Portland ot, tak sobie. Zanim zdecydowaliśmy się na to miasto, naszym celem było przeprowadzenie analizy pierwszego poziomu na wszystkich większych rynkach w zachodniej części Stanów Zjednoczonych. Nadszedł czas, żeby rozszerzyć zasięg działania naszej firmy; pytanie brzmiało jedynie: w jakim kierunku. Jedną z pierwszych rzeczy, jakie zrobiliśmy, było przejrzenie wszystkich gazet i czasopism biznesowych ukazujących się w Internecie w każdym większym mieście na zachodzie USA. Klikaliśmy na każdy link, prowadzący do wszelkich interesujących informacji.

Na przykład, wpisywaliśmy nazwę miasta, powiedzmy Denver, w wyszukiwarce internetowej i na ekranie komputera natychmiast pojawiał się link do strony opisującej wzrost liczby mieszkańców. Kliknęliśmy na niego. Tam znajdował się link prowadzący do strony o funduszach dla szkół. Ta informacja także nas zainteresowała. To, czego się dowiedzieliśmy, było bardzo ciekawe, zwłaszcza w Portland. Pierwszą rzeczą, jaką odkryliśmy, był fakt, że miasto ma zdefiniowaną granicę rozbudowy (ang. *urban growth boundary*), co w naszym przekonaniu ograniczy podaż nieruchomości pod wynajem w przyszłości. To dobrze! Potem zorientowaliśmy się, że władze miasta Portland prowadzą postępową politykę w stosunku do planowania śródmiejskiego oraz transportu miejskiego – działała tam sieć szybkiej kolei miejskiej, sieć autobusowa, taksówkowa, tramwajowa, a nawet planowano taksówkę wodną na rzece Willamette. Dowiedzieliśmy się także, że wiele osób chce mieszkać i pracować w śródmieściu oraz że tamtejszy rynek pracy jest korzystny. Zaczął się nam rysować obraz tego rynku i nie wyglądał on najgorzej.

Potem zaczęliśmy odkrywać pewne ograniczenia tego miasta. W całym stanie panowało bezrobocie, które wynosiło aż 8,1% i sytuowało ten stan w czołówce na tle całego kraju. To ważne odkrycie, ponieważ gdy porównaliśmy wysokość bezrobocia w całym stanie z tym w centrum Portland, stało się jasne, że jedyną szansą dla nas było śródmieście lub może kilka innych podmiejskich wyróżniających się obszarów. Ponadto śródmieście było w większości zabudowane i obowiązywały tam jeszcze większe ograniczenia niż w pozostałej części metropolii. Nie zapowiadało się, że będziemy mieli łatwe zadanie.

Zdobyliśmy te informacje w niecały dzień, nie ruszając się od biurka w Phoenix w Arizonie. Choć rynek w Portland miał kilka niekorzystnych cech, to ogólnie byliśmy pozytywnie zaskoczeni tym miastem – wywarło na nas dobre wrażenie. Spodziewaliśmy się czegoś zupełnie innego. Myśleliśmy, że będzie to miejsce, w którym występują masowe zwolnienia z pracy, które boryka się ze spadkami koniunktury w rolnictwie i wyrębach leśnych, a także miejsce, które szczególnie boleśnie odczuło inne gospodarcze bolączki, między innymi spadki na rynku giełdowym i następstwa tragedii z 11 września, która wydarzyła się ledwie 4 miesiące wcześniej. Nasze wyobrażenie o tym rejonie opierało się na ogólnikowych informacjach podawanych przez media i właśnie zdaliśmy sobie sprawę, że było ono całkowicie błędne.

Przekonaliśmy się, że Portland jest miastem postępowym, którego władze są zainteresowane poprawą jakości życia mieszkańców i mają dalekosiężne plany stworzenia cudownej społeczności tak dziś, jak i w przyszłości. Odkryliśmy też, że ceny mieszkań w centrum Portland należały do jednych z najmniej przystępnych w północno-zachodniej części kraju.

Miasto miało wiele dobrych i złych cech, jednakże te złe strony nas nie odstraszyły. W odniesieniu do rynku nieruchomości mogłeś słyszeć następujące powiedzenie: kupuj tanio i sprzedawaj drogo. W większości wypadków okazje do tego, by kupić tanio, pojawiają się wtedy, gdy koniunktura gospodarcza w jakimś mieście jest słaba i tylko gazety donosząc o złej sytuacji, zwiększają nakład i zarabiają więcej. Tak właśnie było w Portland.

Nie chodzi tu teraz o to, aby zachęcić Cię do zainteresowania się Portland, ale aby pokazać Ci, że nigdy byśmy tego nie wiedzieli, gdybyśmy nie postanowili przeprowadzić analizy pierwszego poziomu tego rejonu. Nigdy byśmy się nie dowiedzieli, że śródmieście Portland to obszar o rozwiniętym rynku pracy, którego władze myślą postępowo i przyszłościowo, który cieszy się ogromnym zainteresowaniem, i żeby wejść w posiadanie położonego tam domu, trzeba się liczyć z wielkimi kosztami. Chociaż obraz nakreślony przez media nie był najlepszy, zgromadzone przez nas informacje były zadowalające dla kogoś, kto był zainteresowany inwestowaniem w nieruchomości.

Wiedzieliśmy, że warto będzie odwiedzić to miasto.

Analiza drugiego poziomu

W Portland byliśmy grupką zamieszkujących pustynie Arizony ludzi, którzy przybyli wyposażeni w pewne informacje, ale od miesięcy nie widzieli deszczu, nie mówiąc już o drzewach, które mają liście. Byliśmy tak zieloni jak krajobraz Portland. Pojawiliśmy się na tym rynku, nie znając zupełnie nikogo. Natomiast byliśmy przygotowani do tego, aby przeprowadzić analizę drugiego poziomu, gdy już będziemy na miejscu, oraz aby zebrać zespół, który pomoże nam zrozumieć rynek, a może i nawet znaleźć nieruchomości. Analiza odgrywa ważną rolę przy ustalaniu Twojej pozycji na rynku oraz w trakcie szukania ludzi, którzy pomogą Ci osiągnąć to, czego chcesz.

Istotą analizy drugiego poziomu są osobiste spotkania, nie traciliśmy więc czasu. Jeszcze zanim dotarliśmy na miejsce, telefonicznie umówiliśmy się na spotkania z zarządcami nieruchomości, pośrednikami nieruchomości komercyjnych oraz z ludźmi udzielającymi pożyczek, z urzędnikami miejskimi oraz biznesmenami – na przykład z wydawcą przewodnika po lokalnym rynku mieszkaniowym. Gdy dotarliśmy do Portland, spotkaliśmy się z każdą z tych osób. Po pierwsze, zdumiało ich to, jak dużo wiedzieliśmy o tym terenie oraz jak szczegółowa była nasza wiedza. Pewne informacje potwierdzili oraz sprostowali inne. Na przykład, zgadzało się to, że podaż mieszkań w centrum Portland, choć ograniczona jest większa niż w pozostałych częściach miasta. Prawdą było również to, że miasto cieszy się dużą popularnością zarówno pod względem zamieszkiwania, jak i pracy. Nasi rozmówcy zgadzali się również co do tego, że śródmieście jest nie tylko tętniącym życiem nowoczesnym środowiskiem dla jego mieszkańców, ale także przyciąga ludzi, którzy mieszkają gdzie indziej, dzięki takim atrakcjom, jak *Portland Saturday Markets*, festiwale jazzowe, imprezy świąteczne, parady, oraz z powodu takich miejsc, jak centrum kongresowe czy ogród botaniczny. Jest to prawdziwe centrum miasta.

Jednakże nie wszystkie informacje, które zebraliśmy podczas analizy pierwszego poziomu, były zgodne ze stanem faktycznym. Ludzie, z którymi się spotkaliśmy, zaskoczyli nas, rysując bardziej przygnębiający obraz oddalonych, podmiejskich terenów, niż to sobie wyobrażaliśmy. Obszary te były jeszcze gęściej zabudowane, niż myśleliśmy, i znajdowało się tam więcej terenów całkowicie niezabudowanych, niż zakładaliśmy. Dowiedzieliśmy się, że największymi – i jednocześnie jedynymi – pracodawcami w tych okolicach są Nike i Intel. Wszystko to sprawiało, że z tym rejonem wiązało się oczywiste ryzyko.

To właśnie wtedy tak naprawdę zaczęliśmy zawężać nasze pole działania i definiować interesujący nas rynek lokalny. Podczas każdego spadku koniunktury gospodarczej zawsze dobrze jest znajdować się na rynku, który jako pierwszy się poprawi. Dotyczy to wszystkich rynków – zarówno giełdy, sektora biznesowego, jak i nieruchomości. Dlatego przyjrzeliśmy się kilku rynkom lokalnym i ustaliliśmy, że śródmieście Portland było w tamtym czasie w najlepszej kondycji i że to ono wyjdzie z zapaści w pierwszej kolejności – stąd też oparliśmy nasze założenia na prostej zasadzie podaży i popytu, na zróżnicowanym rynku zatrudnienia w tej części miasta oraz na braku mieszkań po przystępnych cenach. Ustaliliśmy, że gdy sytuacja gospodarcza miasta się poprawi, to koniunktura rynku w śródmieściu zacznie się polepszać w pierwszej kolejności.

Podczas wszystkich naszych spotkań jasno zakomunikowaliśmy rozmówcom nasz cel – zakup budynku wielomieszkaniowego, składającego się z co najmniej 200 mieszkań – i zadawaliśmy im różne pytania typu: kto jest ich ulubionym zarządcą nieruchomości, którego prawnika poleciliby do przygotowania dokumentów, czy znają jakichś dobrych księgowych. Prosiliśmy o rekomendacje dla potencjalnych członków naszego zespołu, to znaczy dla specjalistów, których wymieniliśmy w poprzednim rozdziale. Dwa dni później, tuż przed wyjazdem z Portland, mieliśmy już jasny obraz tamtejszego rynku i zawęziliśmy nasze poszukiwania do konkretnego rynku lokalnego. Uzyskaliśmy kilka dobrych kontaktów do ludzi, którzy mogliby zostać członkami naszego zespołu, i dowiedzieliśmy się o paru nieruchomościach, których zakup mogliśmy rozpatrzyć. Rozejrzeliśmy się też trochę po mieście, mieliśmy kilka miłych spotkań przy obiedzie i cieszyliśmy się pobytem w Portland.

Analiza trzeciego poziomu

Po powrocie do Arizony nie tylko dokładnie pamiętaliśmy, jak wyglądają zielone drzewa, ale wiedzieliśmy też, że Portland jest okazją inwestycyjną. Nadal jednak potrzebowaliśmy trochę więcej informacji, aby bez obaw zacząć tam działać. Wtedy nadszedł czas na analizę trzeciego poziomu. Najpierw zadzwoniliśmy do wszystkich z poleconych nam członków zespołu i zadaliśmy każdemu z nich te same pytania, które postawiliśmy naszym rozmówcom w Portland. Nie tylko podzielili się z nami swoimi opiniami i wiedzą, ale także polecili nam liczne strony internetowe, biuletyny analityczne, biura rozwoju gospodarczego. Ułatwili nam również kontakty z ludźmi w samorządzie terytorialnym oraz z biznesmenami, którzy dodali ostatnie szczegóły do naszego obrazu Portland i dzięki którym mogliśmy wiedzieć o wszystkim, co się działo na tym obszarze – tak długo, jak to było konieczne. Dzięki temu zorientowaliśmy się, kto powinien znaleźć się w naszym zespole.

Zasubskrybowaliśmy różne darmowe internetowe biuletyny, wpisaliśmy się na listy adresowe (tradycyjne oraz elektroniczne) pośredników nieruchomości, pośredników nieruchomości komercyjnych, kredytodawców i innych profesjonalistów, którzy mogliby okazać się nam pomocni. Cały czas jesteśmy dobrze poinformowani. Już nie musimy wyszukiwać wszystkich informacji, gdyż wiele z nich otrzymujemy automatycznie.

Podczas całego tego procesu czuliśmy się jak detektywi kierujący się wskazówkami i zbierającymi materiał dowodowy, który może doprowadzić do jakiegoś wniosku. Angażując innych, byliśmy w stanie zachować obiektywizm oraz dystans. Musieliśmy jedynie poświęcić temu trochę czasu. Największym poniesionym przez nas kosztem był przelot klasą ekonomiczną liniami Alaska Airlines i jeden nocleg w hotelu 5th Avenue Suites. Mówimy tu o naprawdę niewielkim budżecie. A najlepsze jest to, że nic nie zapłaciliśmy za informacje, które uzyskaliśmy w trakcie tego procesu. W dodatku dobrze się bawiliśmy. Dlaczego i Ty nie mógłbyś tego zrobić?

Ostatecznie nasza wizja budynku wielomieszkaniowego ewoluowała i powstał projekt zamiany tej nieruchomości na budynek z mieszkaniami o podwyższonym standardzie. Analizy, których dokonaliśmy, sprawiły, że nasza wizja zwykłego projektu stała się niezwykła. Byliśmy w stanie zmodernizować okolicę, dostarczyć jej tego, czego najbardziej potrzebowała, oraz dać miastu i jego mieszkańcom to, czego chcieli.

Nie kupuję niczego bez uprzedniej analizy rynku. Nawet w Phoenix – na rynku, który znam wyjątkowo dobrze – dokonuję analizy, zanim kupię cokolwiek. Wszystko się zmienia: rynki, w tym te lokalne, raz są popularne, a raz nie; wielkie projekty, takie jak autostrady, zmieniają organizację miasta. Zawsze coś się zmienia.

Dziś dzięki Internetowi analizę jest łatwo przeprowadzić i praktycznie nie zabiera to czasu. Wszystko jest dostępne w sieci. W porównaniu z trudnością analizy materiałów do pierwszego referatu na studiach – analiza rynku jest bajecznie prosta. I jeszcze nigdy dotąd nie było lepszego powodu, by dostać za to piątkę.

Po przeczytaniu rozdziału czwartego

- Zapoznaj się ze źródłami dostępnymi w Internecie, na przykład z takimi jak:
  - gazety,
  - publikacje biznesowe,
  - serwisy rządowe,
  - organizacje handlowe.
- Powinieneś uświadomić sobie, że urzędnicy państwowi pracują dla Ciebie i że spotkania z Tobą są częścią ich pracy.
- Przetestuj swoje umiejętności analityczne – sprawdź, ile informacji możesz znaleźć na temat miejscowości, w której mieszkasz:
  - w Internecie,
  - dzięki osobistym spotkaniom,
  - dzięki wyczerpującym i wielokrotnym rozmowom telefonicznym.

ROZDZIAŁ PIĄTY

MOKRADŁA NA SPRZEDAŻ

Następnym razem, gdy będziesz jechał do pracy, odwoził syna lub córkę do szkoły albo pędził autostradą, którą przemierzałeś już setki razy, rozejrzyj się dookoła. Może powinienem był powiedzieć: spójrz. Wielokrotnie. (Tak jest bezpieczniej). Chcę przez to powiedzieć, żebyś poświęcił trochę czasu i faktycznie rozejrzał się wokół siebie. Ja także jeżdżę – tymi samymi drogami każdego dnia – tak jak i Ty. Wydaje mi się, że znam swoje okolice. Ty prawdopodobnie również tak myślisz. Przecież przejeżdżasz obok tych samych domów, tych samych sklepów, tych samych budynków wielomieszkaniowych, tych samych parkingów przyzakładowych, prawda? I tu musisz uważać. Tego typu samozadowolenie, które zdobywasz, „przejeżdżając obok", może być niebezpieczne, jeśli chodzi o inwestowanie w nieruchomości. Pierwsze wrażenia i wygląd zewnętrzny miast lub miasteczek oraz ich osiedli – także nazywanych rynkami i rynkami lokalnymi – mogą być zwodnicze.

Tak jak i kupowanie czegokolwiek na rynku, o którym nie wiesz zupełnie nic. Na pewno słyszałeś – i jest to prawda – że wiele mokradeł ludzie sprzedają niepodejrzewającym niczego kupującym, nie tylko na Florydzie, ale w każdym mieście w Ameryce. Każde miasto ma swoje mokradła, czyli inwestycję, która pochłania wszystkie Twoje środki i nie oferuje nic w zamian. I spójrzmy prawdzie w oczy: nakłonienie ludzi, żeby wpłynęli na mętne wody, jest jeszcze trudniejsze, gdy wszędzie czają się krokodyle.

Jeżeli mamy się czegoś nauczyć od wszystkich tych biednych ludzi, którzy kupili mokradła w nadziei, że zbiją fortunę, to powinniśmy zapamiętać następującą lekcję:

Rynek jest ważniejszy niż sama nieruchomość.

Zawsze zdumiewa mnie to, ile można się dowiedzieć o danym rynku lub nawet o małym rynku lokalnym, na który składa się zaledwie kilka ulic. To, co widać na powierzchni, to dopiero początek. A gdy zaczynam myśleć, że znam jakiś teren naprawdę dobrze, coś się zmienia. W tym rozdziale pokażę Ci, jak przebić się przez pozory, uniknąć mokradeł i dostrzec prawdziwy obraz rynku oraz występujących w jego obrębie mniejszych rynków lokalnych. A przy okazji nauczysz się, jak być obiektywnym – a to naprawdę bardzo przydatna cecha, jeżeli chodzi o inwestowanie w nieruchomości.

Problem z przeczuciami

Zbyt wiele osób kupuje nieruchomości inwestycyjne, kierując się przeczuciem lub instynktem. I chociaż ważne jest, aby mieć intuicję, to musisz zrozumieć, że zdobywasz ją wraz z doświadczeniem; że się z nią nie rodzisz. Myślenie takie wywodzi się z mitów. Ludzie nie rodzą się z tą wiedzą. Moim zdaniem niemożliwe jest, aby człowiek, który nigdy nie dokonał żadnej transakcji inwestycyjnej, intuicyjnie wiedział, że jedna transakcja jest lepsza od drugiej. To nie takie proste. Tak naprawdę tego rodzaju naiwne myślenie sprawia, że niektórzy inwestorzy mają nie najlepszy start.

Zachowaj swoje przeczucia na później, jakieś 20 lat później. Dobry początek oznacza, że musisz jedną rzecz zrobić naprawdę dobrze, mianowicie właściwie ocenić swój rynek oraz rynek lokalny. Musisz poznać teren, który Cię interesuje, i wiedzieć o nim wszystko – stać się ekspertem w zakresie tego rynku. Nie tylko dla samego faktu bycia ekspertem, ale żeby w końcu znaleźć świetną inwestycję, która będzie miała szanse powodzenia i będzie przynosiła zyski przez długi czas. Właśnie to chcemy tu osiągnąć. Jeżeli uda Ci się tego dokonać, reszta jest już prosta. Dotyczy to też znajdowania i zatrzymywania lokatorów, co ma bezpośredni wpływ na przepływ pieniężny i dochodowość Twojej nieruchomości.

Zajmuję się tym biznesem od dawna i nawet ja nie polegam jedynie na intuicji. Zanim zainwestowaliśmy w Portland, dobrze się do tego przygotowaliśmy. Czytałeś już o naszych poszukiwaniach internetowych, o wyprawie do tego miasta, o wielu naszych spotkaniach podczas dwudniowego pobytu w Portland i późniejszych rozmowach telefonicznych. Była o tym mowa w poprzednim rozdziale. Szczerze mówiąc, nie mieliśmy wyboru. Jedynym sposobem na to, abym mógł przygotować realistyczne prognozy dotyczące przyszłej rentowności naszej inwestycji, było zdobycie wszelkich informacji na temat rynku Portland i lokalnego rynku nadrzecza. Tylko w ten sposób mogłem spokojnie dokonać jakiejś inwestycji. Dokładna znajomość rynku była kluczem do określenia, czy ten projekt będzie miał szanse powodzenia.

Zbieranie informacji jest przeciwieństwem polegania na przeczuciach. W poprzednim rozdziale, gdy opisywałem moją metodę analizy rynku, wspomniałem o kilku ważnych pojęciach, którym warto poświęcić więcej uwagi. To kluczowe pojęcia, dzięki którym możliwe jest ogarnięcie całego obrazu rynku i rynku lokalnego.

Podaż i popyt

Jeśli chodzi o inwestowanie w nieruchomości dowolnego typu, a zwłaszcza w nieruchomości pod wynajem, moim pierwszym celem jest dokładne rozpoznanie podaży i popytu w danej okolicy. Nie mam na myśli niczego skomplikowanego, a jedynie podstawową ekonomię. Podaż jest definiowana jako liczba nieruchomości pod wynajem dostępna na rynku lub rynku lokalnym.

W idealnej sytuacji podaż jest niska, a popyt – wysoki.

Popyt to według definicji liczba ludzi, którzy chcą wynająć mieszkanie. Podaż łatwo jest określić. W Portland zapytaliśmy o to ludzi z powstającego zespołu, a dokładnie pośredników i zarządców nieruchomości. Posiadali oni szczegółowe dane, na które składały się nazwy, rozmiary, adresy oraz daty budowy nieruchomości. Zwróć się o pomoc do takich ludzi. Dlaczego masz wykonywać całą tę pracę sam?

Natomiast określenie popytu jest już trochę trudniejsze. Ja oszacowuję go na podstawie współczynników wynajętej powierzchni na danym obszarze. Jeżeli jakiś rynek lokalny cechuje się wysokim współczynnikiem wynajętej powierzchni, to popyt jest duży. Jeśli jest on niski, to popyt jest niewielki. Innym miernikiem popytu jest występowanie czynników, które miałyby być zachętą do wprowadzenia się, i ofert specjalnych. Jeżeli na danym terenie pojawia się wiele ofert specjalnych, mających przyciągać nowych lokatorów, to popyt jest mały. Jeśli nie ma ich wcale, popyt jest duży. To tylko kilka zewnętrznych oznak.

Innym czynnikiem, który należy wziąć pod uwagę przy określaniu podaży i popytu, jest przyszła podaż. Za pomocą terminu „przyszła podaż" określam wszelkie nowe nieruchomości pod wynajem, które znajdują się na różnych etapach budowy, począwszy od planowania i zdobywania pozwoleń na budowę. Przyszła podaż jest najważniejszym wskaźnikiem tego, jaka będzie rentowność inwestycji w nieruchomości na danym obszarze w ciągu dłuższego czasu.

Jeżeli w wyniku przeprowadzonej analizy odkryjesz, że podaż jest większa niż popyt, to może powinieneś trzymać się z dala od tego rynku lub chociaż nie przerywać poszukiwania lepszego. Twoje zadanie, polegające na znajdowaniu lokatorów, generowaniu przepływu pieniężnego oraz zwiększaniu dochodowości nieruchomości, będzie trudniejsze. I pamiętaj, że wartość nieruchomości pod wynajem jest tym wyższa, im wyższe są jej wyniki i generowany przepływ pieniężny.

W Portland popyt na lokalnym rynku przyrzecza, który wybraliśmy do realizacji naszego projektu, zdecydowanie przekraczał istniejącą podaż. Wiedzieliśmy to dzięki naszym osobistym spotkaniom, sprawdziliśmy także, że w tym rejonie nie było żadnych wolnych mieszkań do wynajęcia. Natomiast w niewielkim górskim miasteczku Fountain Hills w stanie Arizona jest odwrotnie. Wszędzie są nieruchomości pod wynajem, w tym duże budynki wielomieszkaniowe oraz niezliczona ilość bliźniaków, mieszkań i domów jednorodzinnych. Wiele z nich zostało zakupionych przez pełnych nadziei inwestorów. A teraz zabiegają, jeden przez drugiego, o stosunkowo niewielu lokatorów. Powody tych nierówności na rynku nie są tajemnicą. Właściwie to są zupełnie zrozumiałe. Czy już się domyślasz, jakie to powody?

Trzy czynniki napędzające podaż i popyt

Najprościej rzecz ujmując, istnieją trzy czynniki napędzające ekonomię rynków i rynków lokalnych, które wchodzą w grę. Jako osoba inwestująca w nieruchomości powinieneś cały czas mieć każdą z tych trzech zmiennych na oku. Są one prawdziwymi wyznacznikami podaży i popytu.

Zatrudnienie

Jest to pierwszy i być może najważniejszy miernik popytu – i nie bez powodu. Jeżeli jakiś rynek lub rynek lokalny oferuje wiele miejsc pracy, to pojawią się ludzie, żeby je objąć. To naprawdę elementarna wiedza. Faktem jest, że praca przyciąga ludzi, czyli teoretycznie nieruchomość znajdująca się w pobliżu siedziby pracodawcy powinna cieszyć się większym powodzeniem. Nie oznacza to, że ludzie nie będą dojeżdżać do pracy, żeby tylko móc mieszkać w atrakcyjnym miejscu. Po prostu miej świadomość warunków, jakie panują na danym rynku.

Gdy poszukujesz wyznaczników podaży i popytu, weź pod uwagę możliwości zatrudnienia. W przypadku miasteczka Fountain Hills rynek zatrudnienia praktycznie nie istnieje. Prawie każdy czynny zawodowo mieszkaniec pracuje gdzie indziej, na przykład w sąsiednim mieście Scottsdale, w którym, w przeciwieństwie do Fountain Hills, wielu pracodawców ma swoje firmy. Obydwa te miasta są atrakcyjne, obydwa są też pięknie położone i oferują doskonałe warunki do życia. Jednakże Scottsdale wygrywa z powodu większej liczby ofert pracy i przez to także pod względem popytu.

Ktoś musi naprawdę chcieć mieszkać w Fountain Hills – i wielu ludzi chce. Ale brak dużego pracodawcy lub dużego kompleksu biurowego, które przyciągnęłyby do miasta pracowników, sprawia, że w Fountain Hills w nadchodzących latach zachowanie równowagi pomiędzy popytem i podażą na rynku nieruchomości pod wynajem będzie trudne. To samo dotyczy także biznesów zajmujących się handlem detalicznym oraz restauracji. Możliwość znalezienia pracy przyciąga klientów.

Faktem jest, że ludzie są tam, gdzie jest praca.

Powiedzenie, że ludzie są tam, gdzie jest praca, jest prawdziwe. To właśnie zachęciło ludzi do przyjazdu do Houston w Teksasie pod koniec lat 70. i na początku 80. oraz nadal, od jakichś 20 lat, przyciąga ludzi do Phoenix. Stwórz miejsca pracy, a zjawią się ludzie.

Duża liczba miejsc pracy może być korzystna dla powodzenia inwestycji w nieruchomości pod wynajem, ale upewnij się, że widzisz cały obraz. Nawet miasta, w których są większe szanse zatrudnienia, mogą być zbyt gęsto zabudowane, co niszczy delikatną równowagę pomiędzy podażą i popytem. Władze Scottsdale rozsądnie ograniczyły podaż nieruchomości pod wynajem. Pomogło to utrzymać liczbę niewynajętych mieszkań na niskim poziomie, a czynsze – na wysokim. Z drugiej strony władze Fountain Hills, miasteczka położonego na rozległym terenie, pozwoliły na wybudowanie zbyt wielu mieszkań pod wynajem i z tego powodu wiele z nich jest niewynajętych, a czynsze są niskie. Fountain Hills mogło być miejscowością z idealnie wyważonym rynkiem nieruchomości pod wynajem, nawet bez dużego rynku zatrudnienia, i takie kiedyś było, zanim nastąpił boom na te nieruchomości w połowie lat 90. W końcu miasto to przyciąga niezliczone rzesze zimowych wczasowiczów i tymczasowych lokatorów, co sprawia, że jest to dobry rynek dla właścicieli nieruchomości pod wynajem.

Stabilność zatrudnienia jest także czymś, co należy wziąć pod uwagę. Oceniając interesujący Cię rynek i rynek lokalny pod względem zatrudnienia, przyjrzyj się stabilności rynku pracy na tym obszarze. Czy działające w jego obrębie firmy mają dobrą reputację? Czy popyt na oferowane przez nie produkty lub usługi nieustannie rośnie? Czy zakres działalności tych firm jest zróżnicowany? Są to wskaźniki stabilności. Spójrz tylko na Houston w latach 80. Na rynku nieruchomości pod wynajem panowało ogromne ożywienie, po czym załamał się przemysł wydobywczy, rujnując banki, hotele, firmy budowlane i wiele innych biznesów. W całym mieście mieszkania stały puste, więc aby skusić najemców, właściciele i zarządcy nieruchomości oferowali absurdalne pakiety promocyjne dla nowych lokatorów, takie jak 6 miesięcy bez płacenia czynszu, darmowe telewizory i brak konieczności wpłacania kaucji. Znaczny spadek zatrudnienia w okolicy wywarł ogromny wpływ na gospodarkę tego obszaru.

Ludność

Jeżeli jest to możliwe, to postanów, że Twoja pierwsza... a prawdę powiedziawszy *wszystkie* Twoje nieruchomości pod wynajem powinny się znajdować tam, gdzie są ludzie! Ustaliliśmy już, że potrzebujesz stabilnego i rozwijającego się rynku zatrudnienia, więc logiczne jest, że powinieneś także działać na terenie, gdzie mieszka dużo ludzi, którzy mogą stać się Twoimi przyszłymi klientami. Takie podejście może się okazać zbyt rutynowe dla początkującego inwestora, który myśli o skorzystaniu na „świetnej transakcji" kupna domu jednorodzinnego położonego na peryferiach miasta, z dala od ludzi. Chociaż wydawać się może, że jest to wspaniała nieruchomość i świetna transakcja – wszystko to jest bez znaczenia, jeżeli w okolicy nie ma nikogo, kto by chciał ją wynająć. Z tej książki dowiesz się, że gdy już wybierzesz rynek, to kluczem do sukcesu jest sama nieruchomość, a jej wartość – zarówno obecna, jak i przyszła – zależy od jej wyników. Przez wyniki rozumiem to, jak wysoki przychód generuje dana nieruchomość, jakie są związane z nią koszty oraz jaka jest jej ogólna dochodowość. Sukces w zakresie rentowności w tym biznesie zależy od rynku lokatorów.

Ludzie bez wątpienia udają się tam, gdzie jest praca. Ale migracje następują też do miejsc, które mają określony charakter i z którymi wiąże się pewna jakość życia. Zdaję sobie sprawę z tego, że jest to raczej mało konkretne pojęcie, może więc najlepiej będzie posłużyć się przykładami, zamiast próbować to wyjaśnić. Jeśli kiedykolwiek byłeś na plaży Venice Beach w Kalifornii, to wiesz, że jest to lokalny rynek Los Angeles, który ma określony charakter. Po pierwsze, jest to nadmorskie miasteczko w Kalifornii, którego nazwa przywodzi na myśl zachwalaną przez dziesięciolecia zabawę i wolność, to miejsce reklamowane przez kalifornijskie biura turystyki, Hollywood i zespół Beach Boys – w reklamach, filmach i piosenkach. Po drugie, jest to rynek lokalny, który – nawet pośród innych miasteczek nadmorskich – funkcjonuje jako miejsce ekscytujące, awangardowe i młode duchem.

Kup nieruchomość inwestycyjną w Venice Beach i nie będziesz musiał już nic więcej mówić. Wiele osób przyciąga styl życia związany z tym miejscem i jego charakter. Porównaj to sobie z Dobson Ranch, które jest lokalnym rynkiem Phoenix. W tym miasteczku, zbudowanym zgodnie z planem zagospodarowania przestrzennego, jest trochę nieruchomości pod wynajem, ale okolice te nie mają tego „czegoś", co przyciągnęłoby tłumy w te strony. Z pewnością jest to ładne miejsce do zamieszkania i idealnie nadaje się dla rodzin, ale nie wiąże się z nim jakikolwiek wizerunek, który byłby atrakcją dla ludzi. Jestem pewien, że większość osób czytających tę książkę nigdy o nim nie słyszało.

Inne tereny, które przychodzą mi do głowy, gdy myślę o jakości życia i charakterze, to Key West na Florydzie i Coronado Island w Kalifornii – to ekskluzywne nadmorskie kurorty. Whistler w stanie British Columbia jest kolejnym przykładem takiego miejsca – jego nazwa kojarzy się niemal każdemu z narciarstwem i zapierającymi dech w piersiach górskimi krajobrazami. Gig Harbor w stanie Washington jest mekką dla entuzjastów sportów wodnych. Do Aspen w Kolorado jedzie się na narty i żeby się pokazać. I w końcu Scottsdale w Arizonie słynie ze słońca, golfa, uzdrowisk i zakupów. Są to znane miejsca, które mają swój charakter. Jednak w każdym mieście znajdują się też inne okolice, które również są jedyne w swoim rodzaju, ale o ich walorach wiedzą jedynie ich mieszkańcy.

Weźmy na przykład mniej popularne tereny w Arizonie: Litchfield Park to miejsce, które znane było niegdyś ze znajdującej się na jego terenie wojskowej bazy lotniczej Luke Air Force Base oraz z wielu farm; obecnie każdy w Phoenix kojarzy je z dużymi projektami budowlanymi, kompleksem sportowym w pobliskim Glendale oraz ze sklepami na każdym kroku. Mill Avenue, lokalny rynek Tempe w stanie Arizona, jest znany jako centrum młodzieżowe, happeningowe oraz przywodzi na myśl miejscową akademię sztuk pięknych. Czy dzięki tym przykładom zrozumiałeś sens charakteru i jakości życia, które kojarzą się z danym obszarem?

Miejsca, które mają jasno określony charakter, przyciągają ludzi prawie tak skutecznie jak zatrudnienie.

Urok cieszących oko budynków w miastach, w których brakuje pracy i które nie mają konkretnego charakteru, kusi najlepszych z nas, łącznie ze mną. Jednak nie dajcie się złapać! Urokliwe budynki w miastach, w których mieszka dużo ludzi, pozostają takie również po sprzedaży. I stają się tym bardziej urokliwe, gdy przynoszą pieniądze. Jeżeli nie jesteś hazardzistą, który zawsze liczy na szczęście, trzymaj się z dala od rynków i rynków lokalnych, które nie przyciągają ludzi.

Skoro już znasz kilka powodów, dla których rynki są atrakcyjne dla ludzi, musisz się teraz dowiedzieć, jak określić wielkość populacji w Twojej okolicy. Jest to kolejny moment, w którym możesz zaangażować swój zespół. Porozmawiaj z miejscowymi urzędnikami miejskimi, odwiedź strony internetowe urzędów i umów się na spotkania. Pamiętaj, że jako podatnik masz swój wkład w ich pensje. A równocześnie jesteś ich klientem. Zrób wszystko, co tylko możliwe, aby uzyskać realistyczne prognozy rozwoju populacji, a gdy ktoś poda Ci liczby z rękawa, poproś, żeby szczegółowo przedstawił czynniki, które jego zdaniem wpłyną na realizację takiego optymistycznego scenariusza.

Jeżeli którekolwiek z Twoich źródeł przewiduje, że populacja się zmniejszy, nie wróży to niczego dobrego. Ale przynajmniej Twoi rozmówcy są szczerzy. Zawsze szukam prawdziwych oznak, a nie tych wziętych z rękawa, i cenię ludzi, którzy przedstawiają mi sytuację taką, jaka jest naprawdę. Poza zatrudnieniem i charakterem danej okolicy, jako czynniki przyciągające ludzi Twoi rozmówcy mogą także wskazać te wypisane poniżej.

- **Nowe autostrady lub ich nowe odcinki**. Tworzą one nowe schematy ruchu drogowego i zmieniają tereny, które kiedyś zdawały się odległe, w miejsca położone całkiem blisko. Jeśli projekt nowej autostrady zakłada, że będzie ona przebiegała niedaleko tego domu jednorodzinnego na odludziu, o którym mówiliśmy wcześniej, to może się on jeszcze okazać nie najgorszą inwestycją.
- **Miasta zbudowane według planu zagospodarowania przestrzennego**. Takie wielkie projekty mieszkaniowe łączą możliwości znalezienia mieszkania, jak i zatrudnienia, dzięki czemu przyciągają wielu ludzi. Projekty budowy nowych miast zwykle wspierane są przez kosztowne kampanie reklamowe, a starsze – takie jak na przykład Dobson Ranch, wspomniane wcześniej w tym rozdziale – nie są już tak atrakcyjne.
- **Nowe obiekty i stadiony sportowe**. Stadiony lub centra sportowe są bardzo często głównym punktem przebudowy obszaru miejskiego. Obiekty te przyciągają tysiące ludzi i tworzą różnego rodzaju okazje do inwestycji w nieruchomości. Nowe lodowisko hokejowe drużyny Phoenix Coyotes w Glendale jest jednym z najważniejszych projektów, który przyczynił się do niedawnego wzrostu popularności okolicznego Litchfield Park (o którym mówiliśmy wcześniej).

- **Uniwersytety i ich rozwój**. Uniwersytety zawsze przyciągają ludzi, ponieważ z racji pełnionej funkcji powodują stały napływ studentów, wykładowców oraz biznesów w najbliższe okolice. Mill Avenue, lokalny rynek miasta Tempe (wspomnieliśmy o nim wyżej), znajduje się w bliskiej odległości od Arizona State University.
- **Tereny przebudowy**. Nasz projekt nadrzecza w Portland jest doskonałym przykładem terenu przebudowy. Idealna, centralna lokalizacja, renoma okolicy oraz aura „odlotowości", która często towarzyszy przebudowie, sprawiają, że projekty tego typu przyciągają jak magnes. Ludzie uwielbiają zachwycać się zdjęciami przed zmianą i po zmianie.
- **Kasyna**. Kasyna przyciągają licznych amatorów łatwego zysku, którzy w każdy weekend i po nocach w tygodniu próbują szczęścia, chcąc wygrać duże pieniądze. Mówi się, że podczas gorączki złota w 1849 roku najwięcej zarobili ludzie, którzy udzielali schronienia poszukiwaczom i sprzedawali im różne towary. W kasynach jest tak samo, różnica polega jedynie na tym, że dzisiejsi poszukiwacze stoją przy automatach do gry.
- **Bazy wojskowe**. Personel wojskowy mieszka nie tylko na terenie takiej bazy. Nieruchomości wokół obiektów rządowych są często dobrą inwestycją. Musisz jedynie wypatrywać informacji o likwidacjach baz. Często pojawiają się one w wiadomościach w okresie uchwalania budżetu państwa.
- **Regionalne lotniska**. Sytuacja wokół lotniska w Scottsdale jest klasycznym przykładem tego, jak nieruchomości wokół lotnisk zyskują na wartości. W Scottsdale Airpark zlokalizowanych jest wiele małych biznesów. Jego sąsiedztwo stymuluje również rozwój rynku budynków pod wynajem i domów jednorodzinnych w tej okolicy. Nowa autostrada łącząca lotnisko z Phoenix także nie zaszkodziła.
- **Zmiany lokalizacji firm**. Gdy Boeing przeniósł się z Seattle do Chicago, zabrał ze sobą rynek pracy liczący tysiące stanowisk. Sytuacja zła dla Seattle, ale świetna dla Chicago. Zmiany lokalizacji firm przyczyniają się do natychmiastowego wzrostu liczebności populacji.

- **Ważne wydarzenia.** Wystawa światowa w 1962 roku przyczyniła się do zmodernizowania śródmieścia Seattle. Jedną z jej pozostałości jest oczywiście wieża Space Needle, która po 40 latach nadal jest atrakcją turystyczną. Igrzyska olimpijskie także zwykle zmieniają miasta, w których się odbywają. Stało się tak w przypadku Atlanty w 1996 oraz Salt Lake City w 2000 roku. Nawet coroczne imprezy sportowe, takie jak na przykład wielki finał zawodowej ligi futbolu amerykańskiego, mogą bardzo ożywić jakąś okolicę dzięki ogromnemu napływowi środków pieniężnych.

Powyższa lista zawiera tylko niektóre przykłady czynników przyciągających ludzi i gdy widzisz, słyszysz lub czytasz o nich, to wiedz, że są dobrymi wskaźnikami rozwoju. Projekty i wydarzenia tego typu zwykle zmieniają wizerunek miasta, a zmiany te mogą potencjalnie zaowocować wzrostem zysków osób inwestujących w nieruchomości. Istnieje też kilka rzeczy, na które należy uważać.

- **Elastyczność rynku.** Upewnij się, że rozwój rynku lub rynku lokalnego nie zależy zbytnio od jednego czynnika. Innymi słowy, jeśli funkcjonowanie niemalże całej populacji danego obszaru zależy od jednego głównego pracodawcy, to dobrze się zastanów, zanim zainwestujesz. Jeżeli zmieni on swoją lokalizację, to samo stanie się z Twoim rynkiem. Powinieneś inwestować na rynku, który wytrzyma zarówno wzloty, jak i upadki. W ostatnim czasie Motorola znacznie zmniejszyła swoją działalność w Phoenix, co mogłoby być katastrofalne dla wielu miast. Ale silna i różnorodna gospodarka Phoenix oraz prężny sektor small businessu złagodziły negatywne skutki.
- **Zróżnicowanie gospodarcze.** Unikam terenów, które nie charakteryzują się prosperującą, zróżnicowaną gospodarką. Zdarzało się już wcześniej, że cały rynek padał ofiarą załamania jakiegoś sektora, i na pewno sytuacja taka nieraz jeszcze powtórzy się w przyszłości. Dotknęło to Pittsburgh w stanie Houston, Detroit i niedawno San Francisco Bay Area, gdy pękła bańka mydlana związana z firmami internetowymi.

- **Projekty pionierskie**. Pionierzy zapewnili sobie romantyczne miejsce w historii, ale ja postanowiłem, że nigdy nie będę jednym z nich. Bycie pionierem w jakiejś dziedzinie może być kosztowne i niebezpieczne. Ja nie staram się tworzyć fali, ale po prostu złapać powstającą na moich oczach falę i dać się jej nieść.
- **Dostępność cenowa**. Zawsze sprawdzam, czy ceny mieszkań na danym rynku są przystępne. Jeżeli dom jednorodzinny jest poza zasięgiem możliwości większości ludzi, to mieszkania stają się cenną opcją. Dzieje się tak w wielkich miastach, takich jak Nowy Jork i San Francisco, przyciągających wielu ludzi, z których większości nie stać na kupno domu. Poszukuj rynków, na których koszt zakupu i utrzymania domu znacznie przekracza koszty wynajmu. Im bardziej te wartości są do siebie zbliżone, tym trudniej jest znaleźć lokatorów i trudniej jest ich utrzymać.

Położenie

W przypadku nieruchomości położenie jest najważniejsze, przynajmniej wszyscy tak mówią. I ja się z tym zgadzam. Jednak według mnie położenie musi być ocenione na podstawie nie tylko lokalizacji geograficznej, ale także tego, czy spełnia oczekiwania związane z podażą i popytem. Gdy ustalę, że dana lokalizacja to tereny, przed którymi rysują się dobre perspektywy w dziedzinie zatrudnienia, a populacja na tym terenie rośnie, to szukam kilku ważnych cech krajobrazu, które – jak wynika z mojego doświadczenia – są cenione.

- Świetnie położone budynki widać z drogi. Im więcej kierowców przejedzie obok Twojej nieruchomości i zobaczy wywieszkę „Do wynajęcia", tym większe masz szanse odniesienia sukcesu. Tablice przy drodze są jedną z najbardziej skutecznych form reklamy, a z pewnością najbardziej opłacalną. Jeżeli Twoja nieruchomość znajduje się przy ulicy, na której nie ma ruchu, to będziesz musiał skorzystać z droższych i mniej efektywnych metod reklamowania. Działanie takie prawie na pewno zmniejszy dochodowość Twojej nieruchomości, ponieważ mniejsza liczba lokatorów oznacza mniejszy przepływ picniężny.

- Świetnie położone nieruchomości cechuje coś niezwykłego. Idealnie zlokalizowane nieruchomości mają jakąś jedyną w swoim rodzaju cechę, której nie znajdziesz nigdzie indziej. Nasz projekt w Portland był jedyną pozostałą przybrzeżną nieruchomością w bardzo popularnej okolicy. Był wyspą, która czekała na odkrycie. Właśnie o takiej rzadkiej cesze mówię.
- Nieruchomości ze znakomitą lokalizacją cieszą się powodzeniem. Niektórzy inwestorzy myślą, że nie stać ich na to, żeby choć popatrzeć na nieruchomości położone w atrakcyjnych miejscach. Często słyszę coś takiego na Seminariach Rich Dad. Ale tak naprawdę przystępne cenowo nieruchomości można znaleźć wszędzie, nawet w najbardziej popularnych okolicach, jeśli tylko kupujesz, kierując się wynikami, a nie ceną sprzedaży. Dowiesz się o tym więcej, czytając kolejne rozdziały, w tej chwili zapamiętaj jedynie, że nigdy nie powinieneś wykluczać luksusowych okolic.

Przyjrzyj się ponownie tym trzem cechom świetnie położonych nieruchomości, a zobaczysz, że sprowadzają się one do jednej prostej prawdy: atrakcyjne lokalizacje cechuje niska podaż i wysoki popyt. Tu dochodzimy do sedna dokonywanej przez Ciebie oceny rynku. Podejdź realistycznie do wykonanej analizy i spójrz w przyszłość danego rynku, nie tracąc z pola widzenia jego obecnego stanu. Inwestowanie w nieruchomości powinno przynosić zyski tak teraz, *jak i* w przyszłości. Aby podejmować właściwe decyzje, kupując nieruchomości, dobrze jest poznać swój rynek lepiej, niż zrobili to inni.

Skup się na swoim rynku

Po zakończeniu procesu analizy powinieneś mieć wszystkie informacje potrzebne do zawężenia Twojego rynku. Kilka rozdziałów wcześniej mówiliśmy o wyznaczaniu celów. Zaproponowałem cel, który zakładał znalezienie 8-mieszkaniowej nieruchomości w Phoenix. Sformułowałem go następująco:

W ciągu 12 miesięcy kupimy w rejonie Phoenix 8-mieszkaniową nieruchomość, która przez kolejne 5 lat będzie generować średni dochód na poziomie 4 tysięcy dolarów rocznie.

Po przeczytaniu tego rozdziału powinieneś w tej chwili pomyśleć, że definicja naszego rynku jako „rejon Phoenix" jest zbyt szeroka i musi zostać znacznie zawężona. W miarę jak będziesz dowiadywał się więcej o swoim rynku, okaże się, że będziesz nieustannie doprecyzowywał swój cel oraz poszukiwania. Nie ma w tym nic złego. To stopniowe coraz bardziej zdecydowane zawężanie rynku jest konieczne, a ludzi, którzy nie potrafią zrobić tego skutecznie, czeka dużo pracy.

Ograniczmy więc teraz nasz rynek do Scottsdale. To brzmi już o wiele lepiej. Zawęzimy go jeszcze bardziej do rejonu starego miasta – które jest lokalnym rynkiem Scottsdale. W tym momencie wiem, że wybieram spośród setek nieruchomości, a nie tysięcy. Czy teraz widzisz, co mam na myśli, mówiąc „dużo pracy"? Zawężenie rynku sprawia, że to zadanie staje się wykonalne.

Po przeczytaniu rozdziału piątego

- Wybierz jeden rynek w swojej okolicy – najlepiej taki, który znajduje się niedaleko miejsca Twojego zamieszkania – który ewentualnie by Cię interesował.
- Sporządź listę wszystkich jego rynków lokalnych lub osiedli.
- Określ i opisz sytuację na rynku pracy na tym obszarze.
- Określ i opisz niepowtarzalny charakter tego lokalnego rynku.
- Oszacuj podaż i popyt:
  - zapytaj o to członków swojego zespołu,
  - spróbuj przeanalizować widoczne symptomy.
- Porównaj to, czego się dowiesz, z informacjami zawartymi w tym rozdziale.
- Oceń rynki lokalne, opierając się na tych kryteriach.
- Wybierz swój rynek lokalny.

ROZDZIAŁ SZÓSTY

JAK ZNALEŹĆ SWÓJ NIEOSZLIFOWANY DIAMENT

Rozpoznawanie nieruchomości inwestycyjnych jest jak umawianie się na randki. Chcesz być pewny, że dokonujesz mądrego wyboru, ponieważ poświęcisz temu swój czas, energię i pieniądze. Włożysz w to swoje serce i będziesz miał piękne marzenia, w których zobaczysz, jak wszystko się ułoży – może będzie to dłuższy związek, a może małżeństwo. Chodzenie na randki z kim popadnie, podobnie jak próba kupna pierwszej lepszej nieruchomości, może być ogromną stratą czasu i może Cię dużo kosztować. W obydwu przypadkach mówię z doświadczenia.

Po przeczytaniu poprzednich pięciu rozdziałów już wiesz, że aby dokonać mądrego wyboru, musisz między innymi wyznaczyć sobie cel, stworzyć swój zespół oraz ocenić i zawęzić swój rynek. Zanim wybierzesz nieruchomość, musisz wykonać wiele czynności przygotowawczych. A to, czego szukasz, to niekoniecznie zwyciężczyni konkursu piękności, ale raczej nieoszlifowany diament, czyli nieruchomość o największym potencjale, który to – o czym przekonasz się w kolejnych rozdziałach – oznacza czysty zysk.

Często inwestorzy zaczynają od tego etapu – zajmują się znalezieniem nieruchomości i zupełnie pomijają czynności przygotowawcze. To właśnie dlatego słowo „ryzyko" jest tak często kojarzone z nieruchomościami. Wybór nieruchomości powinien następować dopiero po tym, jak stworzysz swój zespół doradców, ustalisz swój cel oraz zdefiniujesz interesujący Cię rynek i rynek lokalny. Nigdy nie powinieneś dokonywać wyboru, zanim nie zakończysz tych czynności. Wymaga to pewnego zaufania, ale jak zawsze powtarzam:

Ufaj, ale sprawdzaj.

Do tej pory znalazłeś już swój rynek i rynek lub rynki lokalne w jego obrębie. Kolejnym krokiem powinno być znalezienie w wybranej przez Ciebie okolicy takiej nieruchomości, która pomoże Ci zrealizować Twoje cele związane z przychodem i dochodowością. W tym rozdziale dowiesz się, jak to zrobić. W tym celu opiszę czynności, które ja podejmuję, aby znaleźć nieruchomość. Oceną tej nieruchomości zajmiemy się w rozdziale siódmym.

Od tego, czy uważnie przeczytasz ten i kolejny rozdział, zależy Twój sukces w tym biznesie, ponieważ książka ta nie mówi jedynie o kupowaniu nieruchomości, ale o kupowaniu ich we właściwy sposób. Za odpowiednią cenę, w atrakcyjnej okolicy, z założeniem osiągnięcia Twojego celu. Ja kupuję jedynie w ten sposób, i to z prostego powodu. Jeżeli kupisz właściwie, to będziesz spędzał swój czas, pielęgnując ogród, a nie wykopując z ziemi kamienie. Życie jest zbyt krótkie.

Ustalanie parametrów nieruchomości, której szukamy

Wróćmy do hipotetycznego celu znalezienia 8-mieszkaniowej nieruchomości. W poprzednim rozdziale zawęziliśmy nasz rynek do rejonu starego miasta Scottsdale. Teraz czas na określenie parametrów nieruchomości, której szukamy. Nasz cel wygląda obecnie następująco:

W ciągu 12 miesięcy kupimy na starym mieście w Scottsdale 8-mieszkaniową nieruchomość, która przez kolejne 5 lat będzie generować średni dochód na poziomie 4 tysięcy dolarów rocznie.

Wiesz już, co nas teraz czeka, prawda? Musimy podać więcej szczegółów dotyczących naszej 8-mieszkaniowej nieruchomości. Do tej pory byliśmy pod tym względem mało konkretni. Gdy dopiero co zaczynałem działać w tym biznesie, sam szukałem nieruchomości. Teraz zatrudniam kogoś, aby oglądał różne nieruchomości i wyszukał te, które mają określone przeze mnie parametry. Możesz sobie pomyśleć, że jest to luksus, na który tylko doświadczeni inwestorzy mogą sobie pozwolić. Ale tak nie jest. Osoba, która dla mnie pracuje, to pośrednik; otrzymuje on swoją prowizję, gdy znajdzie mi transakcję, która dochodzi do skutku. Każdego stać na tego typu pomoc. A pomogło to nam obojgu. Razem byliśmy w stanie zawęzić nasze poszukiwania, byliśmy odpowiedzialni względem siebie i mogliśmy zwiększyć nasze szanse powodzenia. Obecnie co tydzień odbywamy godzinne spotkania. Nie zajmują nam one zbyt wiele czasu, a są dla nas bardzo cenne.

Dużym ułatwieniem jest dla mnie precyzyjne określenie rodzaju nieruchomości, która mnie interesuje. Oszczędza mi to sporo czasu, sprawia, że tak mój pośrednik, jak i ja jesteśmy skupieni, oraz przyczynia się do tego, że nasze zadanie jest wykonalne. Bardzo konkretnie określam, jakie cechy chcę wziąć pod uwagę. Na przykład, obecnie szukamy na pewnym rynku nieruchomości składającej się ze 150 mieszkań, która ma dobrą lokalizację, bardzo dobrze widać ją z głównych ulic i została zbudowana po 1988 roku. A jeszcze dokładniej, szukam nieruchomości zarządzanej przez właściciela, który mieszka w innym stanie i ma tylko jedną lub dwie nieruchomości w całym mieście.

Parametry te nie są przypadkowe. Chcę znaleźć dużą nieruchomość, aby opłacało nam się zatrudnienie profesjonalnego zarządcy, który by się zajmował rozwiązywaniem codziennych problemów. Dobrze się to sprawdza w odniesieniu do struktury mojej firmy. Rok 1988 jest ważny, ponieważ w przypadku wielu starszych nieruchomości potrzeba znacznych nakładów finansowych, aby doprowadzić je do standardu, jakim się charakteryzują inne nieruchomości w danej okolicy. Zwykle trzeba w takim domu wymienić dach, na nowo go pomalować, wymienić wykładziny i tak dalej. Ale jeżeli wszystkie inne budynki wielomieszkaniowe są przygotowane do podłączenia pralkosuszarki, a Twój nie, to albo będziesz musiał wydać dużo pieniędzy na przebudowę – jeśli będzie ona oczywiście możliwa – albo ustalić czynsz na poziomie niższym niż rynkowy. Żadna z tych opcji nie jest dobra. Widzisz teraz, co mam na myśli, mówiąc, że musisz znać swój rynek?

Poszukuję nieruchomości zarządzanych przez właścicieli, którzy mieszkają w innym stanie, ponieważ zauważyłem, że w takim wypadku istnieje większe prawdopodobieństwo, że nie wykorzystują oni wszystkich możliwości. Poniżej wymieniłem kilka powodów, z których tak się dzieje.

- **Koszty podróży**. Ludzie często kupują nieruchomości na popularnym rynku, który jest znacznie oddalony od miejsca, w którym mieszkają, i nie biorą pod uwagę tego, że potrzeba sporo czasu i energii, żeby nimi zarządzać. Dodaj do tego czas i koszty dojazdu, a zobaczysz, dlaczego najczęściej bywa tak, że właściciel nie pojawia się zbyt często na terenie swojej nieruchomości.

- **Samozadowolenie**. Ludzie mieszkający w pewnym oddaleniu od swojej nieruchomości mogą szybko przestać się nią interesować i z czasem popaść w samozadowolenie. Zwłaszcza gdy nieruchomość przynosi zyski, a oni nie przejeżdżają w jej pobliżu każdego dnia.
- **Wyobrażenie**. Wielu właścicieli przyjmuje błędne założenie, że biznes nieruchomości inwestycyjnych jest inwestycją, a nie biznesem. Myślą oni, że nieruchomość jest jak akcja czy obligacja, którą mogą kupić i o niej zapomnieć. Tak naprawdę jest to biznes, którym muszą kierować.
- **Niedoinformowanie**. Taka sytuacja faktycznie zdarzyła się w przypadku nieruchomości zarządzanej przez moją firmę – jej właściciele nie wiedzą zupełnie nic o rynku, jego możliwościach ani o stanie samej nieruchomości. Kupili ją, nawet jej nie widząc! Nie potrafię tego zrozumieć.

Zdobywanie na tyle szczegółowych informacji o swoim rynku, abyś mógł odnieść sukces w tym biznesie, trwa także i w tej fazie procesu. W końcu docierasz do konkretnych nieruchomości i jest ich niemało. Lepiej, żeby interesujący Cię rynek nie był zbyt duży, bo inaczej będziesz musiał przeanalizować sytuację tysięcy nieruchomości. Pamiętasz, jak w poprzednim rozdziale pojawiło się pojęcie rynku oraz rynku lokalnego? W San Diego występują następujące rynki lokalne: Gaslamp Quarter, Balboa Park, Sea World Area, Old Town i Colorado Island. W Nowym Jorku: Greenwich Village, SoHo, Upper West Side, Upper East Side, TriBeCa, Harlem, Midtown. W obrębie tych rejonów możemy wydzielić mniejsze rynki lokalne. Zdecyduj, którym chcesz się zająć, i od niego zacznij. Może będziesz musiał zmienić swoją decyzję, jeśli na rynku, który wybrałeś, niczego nie znajdziesz.

Im bardziej ugruntowana będzie Twoja pozycja w tym biznesie i im większej liczbie ludzi powiesz o swoim celu, tym więcej okazji pojawi się na Twojej drodze. A przynajmniej takie będziesz odnosił wrażenie, chociaż wiele z tych okazji może być dla Ciebie tylko stratą czasu. Choć kusząca może być perspektywa przelotu z Kalifornii na Florydę lub z Virginii do Teksasu, gdy pojawi się coś, co sprawia wrażenie świetnej transakcji, to bądź skupiony na swoim celu i konsekwentnie go realizuj. Zbyt przytłaczające jest zajmowanie się wszystkim naraz.

Jak stać się ekspertem

Musisz wiedzieć wszystko na temat rynku lokalnego, który wybrałeś, a dużą część tej wiedzy zdobywasz podczas fazy analizy rynku. Poza tym gromadzisz ją także w trakcie oceny nieruchomości. Przyjmij, że uczenie się trwa cały czas i że tak będzie już zawsze. Nigdy nie wiesz dość o rynku, a ten nieustannie się zmienia. Ja patrzę na wszystko wokół mnie przez pryzmat nieruchomości. Może nazwiesz to chorobą, ale każda historia, którą czytam w gazecie, każda rozmowa, którą odbywam, każde centrum handlowe, które widzę, każde światła uliczne postawione na skrzyżowaniu ulic, każdy nowy pracodawca lub poszerzenie działalności przez kogoś już funkcjonującego na rynku – wszystko to w moim przekonaniu ma wpływ na nieruchomości. Wszystko mi się z nimi kojarzy. Moje oczy same dostrzegają takie rzeczy. Jeżeli jednak Twoje zmysły nie są tak wyostrzone jak moje, dam Ci kilka wskazówek, które pomogą Ci osiągnąć status eksperta.

Wykorzystaj wyniki swojej analizy

Wyniki analizy, którą przeprowadziłeś, przygotowując się do inwestycji w nieruchomości, powinny być uporządkowane i użyteczne. Ja mam informacje o rynku i nieruchomościach zorganizowane w taki sposób, że w każdej chwili mogę z nich skorzystać. Jeśli w danym momencie jestem na etapie wyboru nieruchomości, wcale nie musi to oznaczać, że tracę z pola widzenia rezultaty mojej analizy. Informacje zgromadzone w trakcie pracy, którą wykonałeś wcześniej, powinny stać się Twoją biblią. Przyjrzyj się im teraz dokładniej, gdy już konkretniej określiłeś swój rynek.

Wyniki analizy, którą przeprowadziłeś kilka miesięcy wcześniej, powinny być nieustannie aktualizowane. Nieruchomości są dynamicznym biznesem, więc ja przeprowadzam moją analizę nieustannie. Zapisuję i archiwizuję wszystko to, co moim zdaniem dotyczy rynku, który mnie interesuje. Zapisuję i obserwuję wszystko, co dotyczy rynków, którymi obecnie się nie zajmuję. Nigdy się nie zorientujesz, kiedy ospałe miasteczko, takie jak Litchfield Park w Arizonie, zostanie dostrzeżone i nagle stanie się popularne, jeżeli go nie obserwujesz! Wtedy będziesz mógł to przewidzieć – często zanim zrobią to inni.

Czytaj wszystko

Czytam każdą gazetę na temat wybranego przez nas rynku, która wpadnie mi w ręce. Oczywiście przeglądam też oferty nieruchomości wystawionych na sprzedaż, ale ważniejsze są dla mnie wiadomości, wydarzenia sportowe i informacje o imprezach organizowanych w okolicy. To dzięki nim zdobywam prawdziwy obraz rynku. Na przykład, szukam wszelkich ważnych wydarzeń, które mają miejsce na tym terenie. Weźmy dla przykładu sytuację, gdy rada miasta wychodzi ze wspólną inicjatywą zbudowania jeszcze jednej szkoły podstawowej. Tego typu informacja przyciągnie ludzi do danego miasta. Podobny wpływ na nieruchomości mają nowe centra handlowe, zmiana planów zagospodarowania przestrzennego działki, nadanie jakimś budynkom statusu zabytku czy doniesienia o zbrodniach. Takie samo znaczenie mają obszerne artykuły w gazetach, które przedstawiają rankingi najbogatszych osiedli według kodów pocztowych, osiedli o najniższej przestępczości oraz osiedli, na których młodzież uzyskuje najlepsze wyniki szkolnych egzaminów końcowych. Nawet poranne raporty o stanie dróg powiedzą Ci coś o rynku i jego atrakcyjności.

Rozejrzyj się dookoła

Zanim wybierzesz konkretną nieruchomość, dobrze przyjrzyj się okolicy. Wiem to z doświadczenia. Zarządzamy kilkoma budynkami, których nie jesteśmy właścicielami. W jednym budynku, którym się zajęliśmy, mieszkało tylu gangsterów, handlarzy narkotyków i innych przestępców, że od dawna nie było tam żadnych szanowanych lokatorów. Była to melina dla przestępców. A najgorsze było to, że znajdowała się ona w okolicy o wysokiej przestępczości. Było tak źle, że wchodząc do jednego z mieszkań podczas przeglądu nieruchomości, zobaczyłem, że przy drzwiach stał karabin M-16. Jak Boga kocham. Udało się nam „oczyścić” ten budynek, eksmitując większość lokatorów; musieliśmy też zatrudnić strażników miejskich, aby po służbie nieustannie patrolowali tę nieruchomość. Sprawiliśmy, że przestępcy nie chcieli w niej mieszkać i powoli wprowadzali się z powrotem dobrzy lokatorzy. Niestety, udało nam się „oczyścić" jedynie ten budynek, nie zmieniliśmy jego najbliższego otoczenia. I chciałbym, żebyś to właśnie wiedział. Nie zmienisz okolicy, więc się upewnij, że interesująca Cię nieruchomość jest położona w miejscu, które Ci odpowiada. Pamiętaj: masz się przemieszczać na czele fali, a nie ją tworzyć. A to jest różnica. Niech bohaterem będzie Spiderman.

Więcej słuchaj, niż mów

Słuchaj tego, co się mówi na ulicach. Nie tylko tego, co podają programy informacyjne, ale także co ludzie mówią między sobą. Właściciele sklepów i innych budynków mieszkalnych, sąsiedzi, inkasenci, technicy z kablówki, listonosze – słuchaj wszystkich, którzy funkcjonują na rynku. Słuchaj, o czym mówią członkowie Twojego zespołu, którzy pracują na rynku. Dowiesz się, jakie będzie ich kolejne przedsięwzięcie. Jednak nie daj się zwieść plotkom. Jeżeli coś usłyszysz, sprawdź to, pytając ekspertów z Twojego zespołu oraz inne osoby, których opinia się liczy. Wierzę w moją sieć i staram się być w stałym kontakcie z każdym jej członkiem. Z niektórymi ludźmi jadam lunch właśnie po to, aby usłyszeć, co mają do powiedzenia, i dowiedzieć się, co robią. W końcu usłyszysz coś, co w gazetach pojawi się dopiero kilka tygodni później. To właśnie nazywam poruszaniem się na czele fali.

Dołącz do sieci kontaktów biznesowych lub wejdź w struktury związku branżowego

Możesz często natrafić na grupy, które spotykają się regularnie i które mają podobne cele co Ty. Sam aktywnie się udzielam w lokalnych związkach branżowych i stowarzyszeniach. Dają one okazję do spotykania ludzi, którzy mogą być cennym uzupełnieniem mojego zespołu, mogą pomóc w znalezieniu ludzi, których będę chciał zatrudnić, mogą także trzymać rękę na pulsie w sprawach, które będą miały wpływ na moje inwestycje.

Szukać samemu czy zlecać innym?

Możesz sam biegać od nieruchomości do nieruchomości i prawdopodobnie nie jest to najgorszy pomysł. Po pierwsze, będziesz więcej wiedział na temat nieruchomości, którą i tak w końcu kupisz. I po drugie, działanie takie sprawi, że będziesz w stanie lepiej oceniać nieruchomości, które przedstawi Ci wynajęty przez Ciebie pośrednik. Jednak zlecenie wykonania tego zadania komuś innemu ma swoje zalety.

Pośrednicy pomogą Ci znaleźć nieruchomość na wybranym przez Ciebie rynku, za co oczywiście otrzymają prowizję. Tym właśnie się zajmują. Gdy finalizujesz transakcję, wypłacana jest prowizja, często przez sprzedającego. Po pierwsze, pośrednicy zwykle specjalizują się w swoim rynku, wybierz więc takiego, który doskonale zna interesujący Cię rynek. Jeżeli dokonasz trafnego wyboru, Twój pośrednik może być nieocenionym źródłem informacji. Zwykle są to ludzie dobrze zorientowani – wiedzą o nowych centrach handlowych, które mają zostać otwarte w mieście, o projektach nowych dróg i autostrad, a nawet o pracodawcach, którzy zwiększają lub zmniejszają zatrudnienie. Po drugie, pośrednicy zaoszczędzą Ci dużo czasu. Są w stanie szybko znajdować nieruchomości i przedstawiać Ci oferty do wyboru. Po trzecie, mogą w Twoim imieniu kontaktować się z właścicielami nieruchomości, zatem jesteś w stanie zrobić więcej w tym samym czasie. Prawdopodobnie nie sfinalizujesz umowy za pierwszym razem, może nawet nie za dziesiątym. I w końcu – ten aspekt jest bardzo korzystny – na początku nie musisz ponosić żadnych kosztów.

Jeżeli zdecydujesz się wynająć pośrednika, upewnij się, że jest to osoba, której możesz zaufać i która, tak jak Ty, cechuje się dużą uczciwością. Musisz pamiętać, że istnieją dobrzy i źli pośrednicy. Dobry pośrednik będzie się starał zbudować z Tobą długofalowe relacje, w odróżnieniu od człowieka, którego celem jest jedynie otrzymanie prowizji. Dobrzy pośrednicy naprawdę wiedzą, co się dzieje na rynku. A w dodatku są *znani* z tego, że to wiedzą. Ich wypowiedzi cytowane są w gazetach. Aktywnie działają w swoim środowisku. Dobrzy pośrednicy często komunikują się z Tobą, pisząc listy i e-maile. Aktywnie z Tobą współpracują, przygotowując dla Ciebie interesujące oferty. Są zwykle najlepsi na rynku. Pamiętaj – ufaj, ale sprawdzaj.

**Najtrudniejsza droga to taka, którą przebywasz samotnie.
Nikt nie jest samotną wyspą.**

Nie ma niczego na sprzedaż

Po tygodniach zawężania rynku, określania rynku lokalnego, zbierania wszystkich możliwych informacji o nim i rozmów z miejscowymi biznesmenami, Twój pośrednik przekazuje Ci złą wiadomość: nie ma nic na sprzedaż, co spełniałoby Twoje kryteria. Co możesz zrobić w takiej sytuacji? Czy powinieneś iść dalej? Zacząć szukać czegoś w innej części miasta? Czekać, aż coś odpowiedniego pojawi się na tym rynku? Oczywiście, że nie. Po prostu starasz się kupić nieruchomość, która teoretycznie nie jest na sprzedaż!

Moim zdaniem, gdy nieruchomość jest wystawiona na sprzedaż, jest już za późno. W tym momencie konkurujesz z innymi potencjalnymi kupującymi i masz do czynienia ze sprzedawcą, który ustalił już cenę zakupu, od której może nie chcieć odstąpić. Gdy w danej okolicy widzę falę, z którą warto byłoby popłynąć, to staram się z nią popłynąć, zamiast czekać na pojawienie się tablicy „Na sprzedaż". Często taka tablica nawet się nie pojawia, ponieważ inni to przewidzieli przed Tobą i Cię wyprzedzili.

Zajmujemy się tu kwestią właściwego zakupu nieruchomości, a nie tym, czy dana nieruchomość jest na sprzedaż, czy nie. Na pewno słyszałeś kiedyś powiedzenie, że wszystko jest na sprzedaż – po odpowiedniej cenie. Tak samo jest w tym wypadku. Większość nieruchomości, które zakupiliśmy w 2002 roku, nie była wystawiona na sprzedaż. Wszystkie zostały nabyte dzięki temu, że zrobiliśmy pierwszy krok i skontaktowaliśmy się z właścicielami. Jak to się robi?

Kontakt z właścicielem

Gdy zaczniesz się zajmować nieruchomościami inwestycyjnymi, szybko zdasz sobie sprawę, że coś takiego jak prywatność nie istnieje. Wiem, co mówię. W niecałe 10 minut mogę znaleźć w Internecie wszystko o domu, w którym mieszkasz – jaka jest jego wartość, jaką ma powierzchnię, ile ma sypialni i łazienek, ile za niego zapłaciłeś i kiedy go kupiłeś, jak wygląda, gdzie się znajduje, często można też zobaczyć jego zdjęcie lotnicze wykonane przez satelitę! Czy to Cię dziwi? Zdziwienie to nie będzie trwało długo, ponieważ dokładnie takie informacje sam będziesz znajdował w Internecie, gdy będziesz analizował nieruchomości.

Wszystkie dane, które wymieniłem w powyższym akapicie, są podane do publicznej wiadomości. Żadne ze źródeł, pozwalających znaleźć te informacje, nie jest nielegalne czy podejrzane. Tak naprawdę większość z nich to agencje rządowe. Chodzi mi tu po prostu o to, że jeżeli ja mogę zdobyć takie informacje o Twoim domu, to Ty możesz znaleźć to samo o każdym budynku, który chcesz kupić, łącznie z nazwiskiem, adresem i numerem telefonu właściciela.

Jest to jeden z prostszych sposobów, pozwalających zdobyć informacje o nieruchomości, a zawsze lepiej dla Ciebie, jeśli wiesz tyle, ile się da. Możesz także pominąć Internet i zapytać bezpośrednio lokatorów, zarządcę nieruchomości, lokalnych pośredników, notariusza lub odwiedzić wydział podatków i opłat lokalnych w urzędzie miasta.

Czasami, gdy poszukujesz właściciela jakiejś nieruchomości, dowiadujesz się, że jest nim korporacja, a nie osoba fizyczna. Niech to Cię nie powstrzymuje. Skontaktuj się z Krajowym Rejestrem Sądowym, skąd będziesz mógł uzyskać dostęp do nazwisk, adresów i numerów telefonów ważniejszych pracowników tej korporacji. Żadne z tych danych nie są tajemnicą!

Gdy zgromadzisz już wystarczająco dużo informacji na temat danej nieruchomości, czas, żebyś zadzwonił do właściciela. Jest to najlepszy sposób, aby dowiedzieć się czegoś więcej o nieruchomości i przekonać się, czy właściciel rozważy Twoją ofertę. Twoja pierwsza rozmowa telefoniczna może być dla Ciebie przerażająca, ale nie będzie taka, jeżeli jesteś szczery od samego początku. Nie musisz owijać w bawełnę. Po prostu przedstaw swoją ofertę i bądź przygotowany na to, że może ona zostać odrzucona.

Aby pomóc Ci przejść przez pierwszą rozmowę z właścicielem nieruchomości, przygotowałem poniższą tabelkę. Zawarłem w niej typową rozmowę oraz opisałem potencjalne reakcje właściciela nieruchomości.

Właściciel nieruchomości	*Ty*	*Komentarz*
Dzień dobry	Dzień dobry. Nazywam się (Twoje nazwisko). Czy jest pan właścicielem nieruchomości przy ulicy (adres)?	W tym momencie właściciel myśli, że jesteś pośrednikiem kredytów hipotecznych i że próbujesz namówić go do zrefinansowania kredytu. Będzie chciał odłożyć słuchawkę.
Tak, jestem jej właścicielem.	Planuję zakup 8-mieszkaniowej nieruchomości w rejonie starego miasta w Scottsdale, a pański budynek jest na mojej liście 10 nieruchomości, które odpowiadają moim wymaganiom. W związku z tym chciałbym z panem porozmawiać o tym budynku.	Teraz właściciel zastanawia się: „Kim jest ten człowiek? Czy można mu ufać? Czy to pośrednik, który próbuje umieścić moją nieruchomość w swojej ofercie, czy to prawdziwy kupujący?”.
Może byłbym zainteresowany. Jakie ma pan propozycje?	Po pierwsze, nie jestem pośrednikiem, który chce umieścić pańską nieruchomość w swojej ofercie. Chciałbym też podkreślić, że wszystko, o czym tu rozmawiamy, jest poufne – jestem gotów przesłać panu podpisaną przeze mnie umowę o zachowaniu poufności. Zaraz ją panu przefaksuję.	Właściciel myśli, że umowa o zachowaniu poufności to oznaka profesjonalizmu z Twojej strony. Podoba mu się to. „To chyba nie jest jakiś oszust”.

Właściciel nieruchomości	*Ty*	*Komentarz*
O jakich pieniądzach mówimy?	Nie jestem przygotowany do tego, by już dziś zaproponować panu konkretną kwotę. Jednak gdy dowiem się czegoś więcej o pańskiej nieruchomości i jej wynikach, przedstawię panu formalną ofertę w ciągu tygodnia. Jeśli udzieli mi pan kilku podstawowych informacji, będę mógł od razu zacząć ją przygotowywać. Oferta będzie zależała od zwrotu z mojej inwestycji, który mogę określić jedynie po przyjrzeniu się obecnym wynikom nieruchomości.	W tym momencie nie znajdujesz się w sytuacji, która pozwoliłaby Ci przedstawić jakąkolwiek ofertę, ponieważ nie wiesz nic na temat wyników tej nieruchomości. Pamiętaj, że kupowanie nieruchomości jest właściwie uzależnione od osiąganych przez nią wyników. Sprzedający albo nie będzie chciał udzielić Ci tych informacji, albo zrobi to bez wahania. Musisz go przekonać, że nic nie ryzykuje, udzielając Ci tych informacji, i że nie przedstawisz mu swojej oferty, jeżeli tego nie zrobi.
Jakich informacji pan potrzebuje?	Na początek zestawienie czynszów [czyli spis wszystkich mieszkań i wysokość pobieranego za nie czynszu] oraz aktualny współczynnik wynajętej powierzchni. Chciałbym się również zapoznać z kosztami operacyjnymi pana nieruchomości.	Zestawienie czynszów i aktualny współczynnik wynajętej powierzchni są głównymi wskaźnikami wyników osiąganych przez nieruchomość. Te dwie informacje są niezwykle ważne, gdy się chce określić cenę zakupu – o czym się przekonasz w kolejnym rozdziale.

Właściciel nieruchomości	*Ty*	*Komentarz*
Nie chcę podać panu tych informacji.	Dobrze, mogę przedstawić panu ofertę, nie mając tych informacji, ale jeżeli nie będę znał wyników tej nieruchomości, to w kolejnej fazie naszych rozmów moja oferta może ulec radykalnej zmianie, gdy zapoznam się z tymi informacjami na dalszym etapie transakcji. Wolałbym poznać je już teraz i już na początku przedstawić panu sensowną ofertę. W ten sposób przynajmniej będzie pan znał szacunkową wartość swojej nieruchomości. Chciałbym uniknąć renegocjacji warunków naszej umowy.	Właściciel musi zrozumieć, że nic w tej sytuacji nie ryzykuje. Prędzej czy później będziesz musiał zapoznać się z tymi informacjami. Im wcześniej, tym lepiej. Jak zobaczysz w kolejnym rozdziale, szczegółowo przeanalizujesz wyniki tej nieruchomości, zanim ją kupisz, nie ma więc sensu utrzymywać tych informacji w tajemnicy.
Proszę mi powiedzieć coś więcej o sobie i o pańskiej firmie.	Jesteśmy firmą inwestującą w nieruchomości z siedzibą w (nazwa Twojego miasta) i poszukujemy nieruchomości w promieniu 1,5 km od starego miasta w Scottsdale. Jeżeli mamy odpowiednie informacje, możemy przedstawić naszą ofertę w ciągu tygodnia.	Właściciel może zadać Ci to pytanie, dlatego miej przygotowaną 30-sekundową wypowiedź na temat Twojej firmy. W tym momencie może chcieć jeszcze raz sprawdzić Twoją wiarygodność. Chodzi w tym o to, żeby przekonać go, że jesteś profesjonalistą, że jesteś wiarygodny i że masz na myśli dobicie targu. Musisz pokazać, że jesteś w stanie doprowadzić tę transakcję do końca i że wiesz, czego chcesz.

Właściciel nieruchomości	*Ty*	*Komentarz*
To brzmi nieźle. Udzielę panu informacji, których pan potrzebuje.	Podsumowując więc, dostarczy mi pan zestawienie czynszów, współczynnik wynajętej powierzchni i informacje o wysokości kosztów operacyjnych. Ja z kolei zaraz prześlę panu moją umowę zachowania poufności. W ciągu tygodnia od otrzymania od pana informacji prześlę panu moją ofertę.	Na zakończenie rozmowy powtórz wszystkie ustalenia i uzgodnij terminy przesłania informacji.
Czekam więc na pański telefon. Dziękuję. Do widzenia.	Świetnie. Niedługo się z panem skontaktuję. Dziękuję, że poświęcił mi pan swój czas. Do widzenia.	Zakończ rozmowę serdecznie i optymistycznie.

Jeżeli sprzedający nie jest zainteresowany

Właściciel nieruchomości	*Ty*	*Komentarz*
Nie, nie jestem zainteresowany.	Rozumiem. Czy mogę wysłać panu informacje o mnie i być z panem w kontakcie? I proszę do mnie zadzwonić, jeżeli zmieni pan zdanie.	Gdy spotkasz się z odmową, nie pal za sobą mostów. Wiele nieruchomości, które dziś posiadam, były kiedyś własnością ludzi, którzy na początku nie byli zainteresowani ich sprzedażą. Bądź w kontakcie z tymi ludźmi i dzwoń do nich raz na kwartał. Umieść ich na swojej liście kontaktowej.

Kontakt z właścicielem może być prosty, pod warunkiem że prowadzisz rozmowę w kierunku przedstawionym powyżej. Celem pierwszej rozmowy telefonicznej jest poinformowanie sprzedającego oraz zbudowanie relacji między nim a Tobą. Istnieją dwa rodzaje sprzedawców: ufni i nieufni. Niektórzy ludzie udzielą Ci wielu informacji, co jest pomocne. Inni są skryci i nie będą chcieli ujawniać niczego. W każdym wypadku notuj dokładnie wszystko, co zostanie powiedziane, ponieważ wszystkie informacje, które pojawią się podczas takiej rozmowy, mają duże znaczenie dla ewentualnych przyszłych negocjacji.

Uczenie się i praca w sieci

To, czy Twój pierwszy kontakt z właścicielem nieruchomości doprowadzi do zakupu, czy nie, nie jest takie istotne. Praktyka i wiedza, które można zdobyć jedynie poprzez działanie, są tego warte. Zauważyłem, że bez względu na to, ile według mnie wiem o jakimś rynku, zawsze po rozmowach z właścicielami wiem jeszcze więcej. Zdziwisz się, jak szybko poznasz rynek lub rynek lokalny dzięki rozmowom z właścicielami nieruchomości, które się na nim znajdują.

Dodatkową korzyścią jest również to, że stworzyłem kolejną sieć ludzi, dzięki którym w przyszłości będę miał informacje o innych nieruchomościach. Znalazłem już w ten sposób kilka nieruchomości. Jeden z budynków, które posiadam, kupiłem od właściciela, który nie chciał go sprzedać, gdy po raz pierwszy z nim o tym rozmawiałem. Zamiast tego kupiliśmy wówczas inną nieruchomość oddaloną zaledwie o kilka kilometrów. Często tak się dzieje.

W wyniku tego procesu masz stać się ekspertem, masz zbadać grunt i zacząć coś robić, więc się nie zniechęcaj, jeżeli pierwsze Twoje próby spełzną na niczym. To tak, jak łowienie ryb. Zakładasz robaka na haczyk, zarzucasz wędkę i sprawdzasz, co się na nią złapało. W końcu jedna czy dwie ryby złapią haczyk i dopiero wtedy tak naprawdę wszystko się zaczyna. I temu właśnie poświęcony jest kolejny rozdział – opowiem Ci o przeprowadzaniu wstępnej wyceny nieruchomości.

Po przeczytaniu rozdziału szóstego

- Kierując się wstępną analizą nieruchomości na wybranym przez Ciebie rynku lokalnym, jeszcze bardziej sprecyzuj, jakie parametry powinna mieć nieruchomość, której szukasz.
- Dowiedz się wszystkiego, czego się da, o nieruchomościach w obrębie tego rynku:
  - korzystaj z pomocy swojego zespołu, aby zdobyć dokładne informacje na temat każdej nieruchomości;
  - stwórz tabelę lub wykres – w ten sposób będziesz mógł mieć porównanie czynszów, wyposażenia i instalacji.
- Nadal czytaj części gazet poświęcone biznesowi, działaniom rządu oraz aktualnościom i uważnie obserwuj, jaki wpływ na nieruchomości mogą mieć ewentualne zmiany.
- Odszukaj adresy wszystkich stowarzyszeń działających na rynku nieruchomości w Twojej okolicy i wstąp do nich. Uczestnicz w ich spotkaniach i staraj się nawiązywać kontakty z ludźmi z tych organizacji.
- Zdecyduj, czy chcesz, aby pośrednik pomagał Ci wyszukiwać nieruchomości.
- Znajdź kilka nieruchomości, które chciałbyś kupić, i zainteresuj się nimi.
- Znajdź w Internecie informacje na temat ich właścicieli.
- Zadzwoń do lokatorów, właścicieli sklepów i zarządców nieruchomości i spotykaj się z nimi wszystkimi, aby uzyskać więcej informacji.
- Przygotuj się do przeprowadzenia pierwszych rozmów telefonicznych z właścicielami interesujących Cię nieruchomości (aby przejść do kolejnego etapu procesu kupna nieruchomości, która może być na sprzedaż, będziesz potrzebował także wiedzy z rozdziału siódmego, więc poczekaj jeszcze z tymi telefonami!).

ROZDZIAŁ SIÓDMY

CZY TO NAPRAWDĘ JEST DIAMENT?

Ktoś mi kiedyś powiedział, że przeciętny człowiek zapamiętuje jedynie od trzech do pięciu pojęć zawartych w książce o biznesie. Tylko trzy do pięciu! Zdaję sobie sprawę, że w tej książce przedstawione zostały już dziesiątki pojęć. Które więc zostaną zapamiętane, a które zapomniane? Trudno było mi w to uwierzyć, dopóki nie zacząłem myśleć o książkach, które ostatnio czytałem. I musiałem przyznać, że jeżeli pamiętałem po trzy pojęcia z każdej z nich, to był sukces. (Zawsze wiedziałem, że jestem przeciętny).

Cóż, nie będę zakładał, że dzięki lekturze tej książki uda się zmienić możliwości statystycznego czytelnika związane z przyswajaniem przeczytanych informacji. Nie wezmę też tego do siebie, jeżeli kończąc tę książkę, nie będziesz pamiętał każdego szczegółu. Jednak zawiodę się, jeżeli nie zachowasz w pamięci tego, co jest zawarte w tym rozdziale. Tak naprawdę możesz zapomnieć wszystko, o czym czytasz w tej książce, ale mam nadzieję, że ten rozdział nie tylko zapamiętasz, ale będziesz do niego często zaglądał. Bo jeżeli opanujesz do perfekcji proces, który przedstawiam na kolejnych stronach, Twoje życie inwestora na rynku nieruchomości będzie o wiele łatwiejsze!

To prawda, że Twój sukces w tym biznesie zależy od Twojego przygotowania. Jest to przesłanie i cel pierwszych rozdziałów tej książki. Jednak bez względu na to, jak dobrze jesteś przygotowany, możesz popaść w wielkie tarapaty w ciągu zaledwie kilku sekund, jeżeli nie potrafisz odróżnić diamentu od cyrkonii. Tyle czasu zajmuje złożenie podpisu na dokumentach finalizujących złą transakcję.

Wiem, że to brzmi dość przerażająco. Dobrą transakcję od złej oddziela niewielka szara granica; jednak w moim przekonaniu ta szara granica składa się z czerni i bieli. Transakcja może być albo dobra, albo zła i na szczęście łatwo to określić. W przypadku złej transakcji związane z nią liczby nie mają sensu. Innymi słowy, gdy przewidywany przepływ pieniężny – przychód pomniejszony o wszystkie koszty – jest niski lub ujemny.

**W przypadku dobrych transakcji liczby mają sens.
W przypadku złych – nie.**

Czy jest to aż tak oczywiste? Bez wątpienia jest. Choć zdziwiłbyś się, jak często inwestorzy ignorują tę prostą prawdę. Kupują nieruchomości, kierując się ceną, jakiej żądał sprzedający, lub czymś podobnym, zamiast wynikami nieruchomości. Oto kilka dotyczących inwestowania w nieruchomości zasad, które powinniśmy w tej chwili omówić:

- Cena, jakiej żąda sprzedający jest nieistotna.
- Określasz wartość nieruchomości, która będzie stanowić Twoją ofertę.
- W przypadku budynków wielomieszkaniowych wartość nieruchomości jest uzależniona od jej obecnego przepływu pieniężnego.

Te trzy zasady stanowią podwaliny wszystkiego, o czym będzie mowa w tym rozdziale. Jest tak dlatego, że w tym rozdziale pokażę Ci mój własny system określania wartości budynków wielomieszkaniowych. Nazwałem go „pięcioetapową wyceną nieruchomości" i używam go już od 15 lat, osiągając znakomite wyniki. Oto on w skrócie:

1. Sprawdź przychód z nieruchomości.
2. Sprawdź koszty.
3. Określ zysk operacyjny.
4. Ustal stopę kapitalizacji i przeprowadź wycenę.
5. Oblicz ratę kredytu i Twój zysk z zainwestowanych pieniędzy.

Za każdym razem przechodzę przez tych pięć etapów, żeby ustalić początkowy przepływ pieniężny dla danej nieruchomości oraz określić oferowaną cenę. W tym celu podczas analizy ja i moi współpracownicy przyglądamy się wszystkiemu, co wiąże się z kosztami – łącznie z ratami kredytu, oraz wszystkiemu, co może przynieść przychód. Ostatecznie uzyskujemy wyraźny obraz rentowności nieruchomości i możemy przedstawić naszą ofertę.

Zdasz sobie sprawę ze znaczenia tego procesu, gdy pomyślisz o tym i sam sobie zadasz kilka pytań. Czy zainwestowałbyś pieniądze w fundusz inwestycyjny bez sprawdzenia jego dotychczasowych wyników? Czy otworzyłbyś lokatę w banku, gdybyś nie znał wysokości oprocentowania w stosunku rocznym? Prawdopodobnie nie. Dlaczego więc masz zainwestować w nieruchomość, nie znając choćby szacunkowego zwrotu z Twojej inwestycji? W świecie inwestowania w nieruchomości zwrot z inwestycji nazywany jest także „zwrotem z zainwestowanych pieniędzy" i jest to wyrażony w procentach stosunek przepływu pieniężnego netto do wkładu własnego.

Na przykład, jeżeli Twój wkład wynosi 100 tysięcy dolarów, a nieruchomość przynosi Ci 1000 dolarów miesięcznego przychodu, Twój zwrot z zainwestowanych pieniędzy wynosi 12% rocznie. Nieźle. Ale jeśli ta sama nieruchomość przynosi 500 dolarów miesięcznie, Twój 6-procentowy zwrot może nie być wart zachodu. W dalszej części rozdziału dowiesz się, dlaczego jeszcze za wcześnie, żeby dokonywać takiej oceny.

Ponadto proces, który opiszę w tym rozdziale, pozwoli Ci wycenić nieruchomość bez przeprowadzania osobistego przeglądu. Nie przesłyszałeś się. W przypadku ponad 95% składanych przez nas ofert sporządzam wycenę i przedstawiam ofertę, zanim dokonam inspekcji nieruchomości. Co mogę zyskać, przeprowadzając inspekcję nieruchomości, i czego w tym momencie nie mogę się dowiedzieć od sprzedającego? Gdybyśmy osobiście odwiedzali każdą nieruchomość, której zakup rozważamy, to wiecznie byśmy oglądali nieruchomości i wcale nie mielibyśmy czasu, żeby którąś kupić. Na tym etapie liczę na to, że mój zespół uzupełni wszelkie luki w mojej wiedzy na temat nieruchomości.

A oto przykład. W zeszłym tygodniu otworzyliśmy rachunek powierniczy (*escrow*) w związku z zakupem 172-mieszkaniowego budynku w Glendale w Arizonie. Poprosiłem jednego z członków naszego zespołu, żeby dokonał inspekcji tej nieruchomości, podczas gdy my analizowaliśmy związane z nią liczby. Negocjacje trwały około trzech tygodni. W tym czasie próbowaliśmy ustalić cenę zakupu, która satysfakcjonowałaby zarówno nas, jak i sprzedającego. Wszystkie liczby użyte przez nas do wyceny otrzymaliśmy od sprzedającego i brokera, który miał tę nieruchomość w swojej ofercie. Tylko nie zrozum mnie źle. Nie kupię żadnej nieruchomości bez obejrzenia każdego mieszkania, bez przeprowadzenia dokładnej inspekcji i bez zweryfikowania liczb. Po prostu pozwalam, żeby mój zespół przeprowadził wiele wstępnych czynności za mnie.

Kolejna nieruchomość, którą się obecnie zajmujemy, znajduje się w San Diego. Prowadzimy drugą rundę negocjacji i jeszcze jej nie widziałem. Widać z tego, jakie zaufanie mam do moich partnerów i członków zespołu. Im podoba się ta nieruchomość, więc i ja jestem nią zainteresowany; ufam im bezgranicznie przy zakupie, którego wartość może wynieść 66 milionów dolarów.

Mówię tu o tych dwóch przypadkach, aby pokazać, że oferty są jedynie okazją, żeby przyjrzeć się liczbom i spróbować przewidzieć na podstawie wstępnej oceny, jakie dana nieruchomość będzie osiągać wyniki, jeśli chodzi o przepływ pieniężny. W dalszej części książki przekonasz się o tym, że wszystkie szczegóły dotyczące tej nieruchomości poznasz wtedy, gdy podpiszesz umowę. To w tym momencie rozpoczynasz okres inspekcji nazywany należytą analizą stanu. Ale nie wybiegajmy zbytnio do przodu. Przyjrzyjmy się teraz pięcioetapowej wycenie nieruchomości. Dostarczy nam ona informacji, których potrzebujemy, aby zdecydować o tym, czy dokonać inwestycji w tę nieruchomość, czy nie.

Etap pierwszy: Sprawdź przychody z nieruchomości

Nawet jeżeli sprzedający ujawnia aktualne przychody z nieruchomości pod wynajem – albo w formie dokumentu ofertowego, albo ustnie – sprawdź go. Przychody z nieruchomości są pierwszym i prawdopodobnie najważniejszym czynnikiem, który powinien przesądzić o zakupie nieruchomości inwestycyjnych. W odróżnieniu od kredytu hipotecznego na Twój dom mieszkalny, przy którym dla banku zabezpieczeniem są Twoje aktywa, w przypadku kredytów na nieruchomości inwestycyjne zabezpieczeniem jest najczęściej potencjał danej nieruchomości do generowania przychodu. Jeśli nie sprawdzisz przychodu na samym początku, będziesz musiał zrobić to później dla banku – dlaczego więc nie zrobić tego od razu. I już tylko ta zmienna Ci powie, czy warto poświęcić tej nieruchomości więcej czasu.

Zanim zabrniemy za daleko, zdefiniujmy kilka terminów. Istnieją trzy rodzaje przychodów, które trzeba rozważyć w odniesieniu do każdej nieruchomości: obecne przychody, potencjalne przychody i potencjalne przychody w przyszłości.

- **Obecne przychody**: całkowite przychody, jakie dana nieruchomość wygenerowała w ciągu ostatnich 12 miesięcy.
- **Potencjalne przychody**: całkowite przychody, jakie dana nieruchomość mogłaby wygenerować przez ostatnie 12 miesięcy, gdyby wszystkie mieszkania były przez cały czas wynajęte i gdyby właściciel wykorzystał wszystkie możliwości generowania przychodu.
- **Potencjalne przychody w przyszłości**: całkowite przychody, które dana nieruchomość mogłaby wygenerować przy czynszu na obecnym poziomie rynkowym, przy 100-procentowym współczynniku wynajętej powierzchni i przy wykorzystaniu wszystkich możliwości generowania przychodu.

Tradycyjnie wielu właścicieli będzie próbowało sprzedać swoje nieruchomości, opierając ich wycenę na wysokości potencjalnych przychodów w przyszłości. W Twoim najlepszym interesie leży, żeby kupić ją za cenę wynikającą z obecnych przychodów. W ten właśnie sposób lubię kupować – opierając się na tym, jak nieruchomość jest aktualnie zarządzana, oraz na tym, jak wysoki przychód obecnie generuje. Myślę o tym jako o zakupie „po cenach hurtowych". Jeżeli kupujesz nieruchomość z myślą o tym, jak *mogłaby* ona być zarządzana i jaki przychód *mogłaby* generować w przyszłości – czyli bierzesz pod uwagę potencjalne przychody w przyszłości – to taki rodzaj kupowania nazywam kupnem „po cenach detalicznych". Staraj się unikać zakupów detalicznych za wszelką cenę. Kupić właściwie to kupić po cenach hurtowych. W takim wypadku kredyt hipoteczny już na samym początku jest niższy, co oznacza, że maksymalizujesz dochodowość swojej nieruchomości.

Znając tę ważną różnicę pomiędzy cenami detalicznymi a hurtowymi ufaj, lecz sprawdzaj wszystkie liczby podawane w broszurach ofertowych, które otrzymujesz od pośredników i sprzedawców. Broszury te mają najczęściej standardowy wygląd. Zwykle na przedniej stronie znajduje się zdjęcie budynku, a na odwrocie są liczby, które przedstawiają wyniki nieruchomości odzwierciedlające jej rentowność. Nie możesz przyjąć tych liczb za pewnik, bo często są one zawyżone.

Zanim zaczniesz rozpowiadać, że Ken McElroy nienawidzi pośredników, chciałbym jeszcze dodać, że u dołu wszystkich broszur ofertowych, które dotąd widziałem, znajdowały się następujące słowa:

Firma pośrednicząca nie gwarantuje prawdziwości ani nie ponosi odpowiedzialności za zawartość tej broszury. Obowiązek niezależnego potwierdzenia jej prawdziwości spoczywa na kliencie. Wszelkie prognozy, opinie, założenia lub wartości szacunkowe są przykładowe i nie przedstawiają aktualnych ani przyszłych wyników nieruchomości.

To zrzeczenie się odpowiedzialności jest wyraźnym sygnałem, że mądry inwestor musi sprawdzić każdą liczbę zawartą w tej broszurze. Jeżeli tego nie zrobisz, to z powyższego tekstu dowiadujesz się, że to tylko i wyłącznie Twoja wina.

Oto, w jaki sposób możesz sprawdzić przychód, opierając się na liczbach zawartych w typowej broszurze ofertowej sprzedaży nieruchomości. Informacje, których użyję w tym przykładzie, dotyczą prawdziwej nieruchomości w Phoenix w Arizonie. Zacznijmy od zestawienia mieszkań i czynszów.

Zestawienie mieszkań i czynszów

Tabele z wykazem zestawienia mieszkań i czynszów zwykle znajdują się w broszurach ofertowych. Zawierają liczbę mieszkań, ich rodzaj, powierzchnię oraz czynsz. Sporządzone są po to, by pokazać Ci przychody z każdego mieszkania oraz z całej nieruchomości.

Oto przykład:

Liczba mieszkań	*Rodzaj*	*Pow. (w m^2)*	*Całkowita pow. (w m^2)*	*Czynsz (w dol.)*	*Całkowity czynsz (w dol.)*	*Czynsz (w dol./m^2)*
6	1/1	60,39	362,34	475*	2850	7,87
2	2/1	69,68	139,36	575*	1150	8,25
8	średnia	62,71	501,68	500*	4000	7,97

*Aktualny czynsz za mieszkanie z dwiema sypialniami wynosi średnio 480 dolarów, a za mieszkanie z jedną sypialnią – 422 dolary.

Ja używam tabel z zestawieniem mieszkań i czynszów, aby zweryfikować przychód z czynszu z danej nieruchomości, i w całej mojej karierze nie spotkałem jeszcze oferty, która przedstawiałaby dokładny przychód. To właśnie dlatego ważne jest, żeby wiedzieć, jak czytać i analizować te informacje. Przyjrzyjmy się dokładniej powyższej tabeli.

Podając te informacje, właściciel mówi Ci, że całkowity czynsz za tę 8-mieszkaniową nieruchomość wynosi 4 tysiące dolarów miesięcznie – to kwota podana w kolumnie „Całkowity czynsz". Ale w powyższej tabeli sprzedający umieścił gwiazdki obok liczb, aby zaznaczyć, że czynsze rzeczywiste są niższe. I to znacznie – przeczytaj to, co jest napisane małym drukiem. Niedoświadczony kupujący mógłby spojrzeć na tę tabelę i przyjąć, że te 4 tysiące dolarów to obecne przychody z tej nieruchomości. Ale fakt jest taki – co zresztą przyznaje sprzedający, choć prawdę mówiąc, to się rzadko zdarza – że ta kwota to potencjalne przychody w przyszłości, wyliczone na podstawie wyższych czynszów, które mogą – ale nie muszą – być na poziomie rynkowym.

Spójrzmy teraz, jak zmienia się sytuacja, gdy wstawimy do tej tabeli kwoty rzeczywistych czynszów w tej nieruchomości.

Liczba mieszkań	*Rodzaj*	*Pow. (w m^2)*	*Całkowita pow. (w m^2)*	*Czynsz (w do.)*	*Całkowity czynsz (w dol.)*	*Czynsz (w dol./ m^2)*
6	1/1	60,39	362,34	422	2532	6,99
2	2/1	69,68	139,36	480	960	6,89
8	średnia	62,71	501,68	437	3496	6,97

Teraz, gdy w tabeli znalazły się właściwe liczby oddające rzeczywistą wysokość czynszu, jasne jest, że te wykorzystane przez sprzedawcę lub pośrednika były o całe 63 dolary na każde mieszkanie wyższe niż są w rzeczywistości. Jeżeli pomnożymy to przez 12 miesięcy, otrzymamy kwotę 6048 dolarów. Gdybyś kupił tę nieruchomość, kierując się informacjami zawartymi w ofercie sprzedającego, Twój przychód byłby o ponad 6 tysięcy dolarów mniejszy, niż przewidywałeś. A to niedobrze.

Ale co zrobić, jeżeli sprzedający nie umieści w swojej ofercie faktycznej wysokości czynszu małym drukiem? (A zwykle się tego nie robi). W takim wypadku musisz poprosić o zestawienie czynszów i użyć uzyskanych z niego danych do swoich obliczeń. Powinieneś nawet sprawdzić liczby podane małym drukiem w broszurze, takiej jak w naszym przykładzie, porównując je z rzeczywistymi wartościami w zestawieniu czynszów. Ufaj, ale sprawdzaj.

A co z niewynajętymi mieszkaniami i pozostałymi przychodami?

Na tym etapie zweryfikowaliśmy już potencjalne przychody dla tej nieruchomości. Pamiętaj, że są to przychody, jakie mogłaby ona generować przy obecnych czynszach i 100-procentowym współczynniku wynajętej powierzchni. Lecz musisz liczyć się z tym, że jest mało prawdopodobne, że ta nieruchomość jest lub będzie wynajęta w 100% przez wszystkie dni każdego roku od teraz do nieskończoności. Musimy więc wziąć pod uwagę okresy, w których niektóre mieszkania będą niewynajęte, oraz rotację lokatorów – jedni będą się wyprowadzać, a inni wprowadzać. A gdy już przy tym jesteśmy, to powinniśmy też uwzględnić każdy przychód uzyskany ze źródeł takich jak pralnie, parkingi i tak dalej.

Typowa oferta zawiera także te wartości. I niespodzianka! Jak się okazuje, także i one najczęściej są niedokładne. Liczba niewynajętych lokali jest zaniżona, natomiast pozostałe przychody są zwykle zawyżone. Kluczem jest tutaj próba oszacowania, jaka przestrzeń będzie niewynajęta i jakie będą pozostałe przychody w przyszłości. Dobrze jest wiedzieć, gdzie się było, ale tak naprawdę ważniejsze jest, dokąd się zmierza. Właśnie dlatego przednia szyba samochodu jest taka duża, a lusterko wsteczne – takie małe.

Zdrowy rozsądek powie Ci, że jeżeli jakieś mieszkanie nie jest wynajęte, to nie przynosi przychodu, co zmniejsza Twój przepływ pieniężny. Nawet jeśli współczynnik niewynajętej powierzchni jest podany w ofercie, sprawdź go, pytając zarządcę nieruchomości w Twoim zespole. Będzie on w stanie powiedzieć, czy podana wartość jest na średnim poziomie rynkowym, czy może jest wyższa lub niższa. Będzie to wiedział, ponieważ wartość ta jest pochodną podaży i popytu na danym rynku. Możesz także zdobyć te informacje, analizując miesięczne zestawienia czynszów i daty wprowadzenia się lokatorów na umowach najmu.

W części oferty poświęconej przychodom sprzedający podaje przychód z nieruchomości i współczynnik niewynajętej powierzchni. Część ta zawiera przychód z czynszu pomniejszony o średni współczynnik niewynajętej powierzchni oraz pozostałe przychody, jakie dana nieruchomość generuje. Typowa tabela przychodów jest podobna do tej zamieszczonej poniżej, w której zostały wpisane rzeczywiste liczby dotyczące wspomnianej wcześniej nieruchomości w Phoenix. W tym przykładzie z życia sprzedawca lub pośrednik *informuje*, że całkowity przychód z tej nieruchomości wynosi 45 120 dolarów rocznie przy 7-procentowym współczynniku niewynajętej powierzchni i pozostałych przychodach na poziomie 480 dolarów. Wygląda to całkiem nieźle. Ale spójrz na wysokość czynszu. Wartość ta jest oparta na zawyżonym czynszu, który został podany w zestawieniu mieszkań i czynszów. Pamiętasz je – to były te wartości z gwiazdkami. To niedobrze.

Przychód

	Prognoza sprzedającego (w dol.)
Zaplanowany czynsz brutto	48 000
Minus: współczynnik niewynajętej powierzchni -7%	-3360
Przychód z czynszu netto	44 640
Plus: pozostałe przychody	480
Przychód całkowity	45 120

Spójrz poniżej, co się dzieje z naszym całkowitym przychodem, gdy w kolumnie „Własna prognoza" umieścimy *prawdziwe* czynsze. Pamiętaj, że jedyną rzeczą, jaką zmieniliśmy w tej analizie, jest wartość czynszu. Całkowity przychód z tej nieruchomości spada o 5669 dolarów (45 120 – 39 451). To dużo pieniędzy, zwłaszcza gdy na nie liczysz. To boli – szczególnie gdy się tego nie spodziewasz.

Przychód

	Prognoza sprzedającego (w dol.)	*Poprzedni rok (w dol.)*	*Własna prognoza (w dol.)*
Zaplanowany czynsz brutto	48 000		41 904
Minus: współczynnik niewynajętej powierzchni -7%	-3360		-2933
Przychód z czynszu netto	44 640		38 971
Plus: pozostałe przychody	480		480
Przychód całkowity	45 120	41 800	39 451

Spójrz teraz na trzy liczby oznaczające całkowity przychód: 45 120 dolarów z prospektu informacyjnego sprzedającego; 41 800 dolarów – faktyczna liczba z poprzedniego roku; 39 451 dolarów – własna prognoza. Najpierw porównajmy liczbę podaną przez sprzedającego w prospekcie informacyjnym z faktycznym przychodem w poprzednim roku. Porównanie to mówi nam, że podana przez sprzedającego wartość przychodu jest wyższa o 3320 dolarów od przychodu z poprzedniego roku (45 120 – 41 800). Sprzedający sugeruje, że możesz poprawić wyniki tej nieruchomości w stosunku do poprzedniego roku, choć nie wie nawet, czy będziesz dobrym zarządcą! To nie pochlebstwo. Wygląda mi to bardziej na podstęp.

Jestem pewien, że się domyśliłeś, że gdy ja przygotowuję moją ofertę, nie biorę pod uwagę pozostałych dwóch wartości i korzystam z mojej prognozy, czyli liczby, która uwzględnia *faktyczne* czynsze w danej nieruchomości. Najlepsze w tej strategii jest to, że liczby te są prawdziwe, nietrudno więc jest je obronić podczas negocjacji.

Oto jak łatwo jest zweryfikować przychód i wychwycić te nieścisłości w liczbach. Jak już wspominałem, przychód jest często zawyżony, zatem się nie zdziw, gdy różnica pomiędzy liczbami w prospekcie informacyjnym a Twoją prognozą liczona jest w tysiącach. Tak się zdarza dość często.

Zanim odejdziemy od tematu przychodu, zajmijmy się jeszcze potencjalnymi przychodami w przyszłości. Pamiętasz, że są to całkowite przychody, jakie dana nieruchomość *mogłaby* wygenerować przy czynszach na poziomie rynkowym, przy 100-procentowym współczynniku wynajętej powierzchni i przy wykorzystaniu wszystkich innych okazji ich uzyskania. W wyniku przeprowadzonego przez Ciebie procesu weryfikacji przychodu może się okazać, że podane czynsze są dużo niższe niż na rynku. Taka sytuacja przypomina wyciągnięcie karty „Idź do Wiednia" w grze *Monopoly*, nikomu więc o tym nie mów. Jest to rodzaj potencjału, o którym marzą inwestujący w nieruchomości.

Po tym, jak zweryfikowaliśmy przychód, pora przyjrzeć się kosztom.

Etap drugi: Sprawdź koszty

Koszty są drugą co do ważności zmienną, którą należy wziąć pod uwagę. Jak wspominałem już wcześniej, zysk operacyjny – według definicji – to przychód pomniejszony o koszty. Omawiając pierwszy etap, pokazałem Ci, co musisz przeanalizować, aby oszacować potencjał nieruchomości w zakresie przychodów. Teraz zobaczysz, jak ocenić koszty.

Tak jak w przypadku przychodu, będziesz chciał się dowiedzieć, jakie są obecne koszty. W przeciwieństwie do obliczania przychodu, gdy naszym celem było jak najprecyzyjniej go określić, koszty chcemy ustalić tylko w miarę dokładnie. Wszystkie najdrobniejsze szczegóły poznamy później. Także i w tej kwestii pomóc Ci może Twój zespół profesjonalistów.

Bez względu na to, czy będziesz korzystał z usług firmy zajmującej się zarządzaniem nieruchomościami, czy nie, jeśli poprosisz specjalistę, żeby odwiedził daną nieruchomość i pomógł Ci ocenić wszystko związane z jej zarządzaniem, będzie to bardzo dobre posunięcie, zwłaszcza jeżeli w grę wchodzi budynek wielomieszkaniowy. Po prostu zadzwoń i powiedz: „Zamierzam kupić 8-mieszkaniowy budynek i nie jestem pewien, czy chcę zarządzać nim sam, czy wynająć firmę, która będzie się tym zajmować. Chciałbym pokazać państwu ten budynek i porozmawiać o nim". Godzina, którą spędzisz z przedstawicielem firmy zarządzającej nieruchomościami, będzie czasem dobrze zainwestowanym. I jeżeli będziesz musiał zapłacić tej osobie za godzinę konsultacji, to jest to tego warte. Niech cel tego spotkania będzie dwojaki. Po pierwsze, dowiesz się, co będzie trzeba zrobić, aby zarządzać tą nieruchomością, i po drugie, zorientujesz się, co można zrobić, aby zminimalizować koszty.

Pamiętaj, że na tym etapie procesu powinieneś się rozeznać, jakich stałych usług i napraw oraz modernizacji dany budynek może potrzebować. Później zajmiesz się tym o wiele bardziej szczegółowo. W tej chwili chcemy ustalić liczby w przybliżeniu i dowiedzieć się, czy koszt niezbędnych napraw pozwoli Ci mimo to osiągnąć zyski. Trzeba się niemało natrudzić, balansując pomiędzy nakładami na poprawienie stanu nieruchomości odpowiednio wysokimi a zbyt dużymi. Także i tu przedstawiciel firmy zajmującej się zarządzaniem nieruchomościami może Ci pomóc ustalić wiele kosztów tego typu.

Cel, jaki przyświeca temu działaniu, to określenie Twoich kosztów i próba znalezienia sposobów robienia pewnych rzeczy lepiej, mądrzej i za mniejsze pieniądze. Wszystko to zwiększy Twój przychód netto oraz dochodowość nieruchomości. Jakie więc są te koszty? Aby odpowiedzieć na to pytanie, posłużymy się tabelą kosztów umieszczoną w prospekcie informacyjnym. Przedstawia ona przewidywane przez sprzedającego koszty w nadchodzącym roku (kolumna: „Prognoza sprzedającego") oraz faktyczne koszty poniesione w roku poprzednim. Oto jak tabela ta wygląda w odniesieniu do naszej nieruchomości w Phoenix, której używamy jako przykładu z życia.

Koszty

	Na mieszkanie (w dol.)	*Prognoza sprzedającego (w dol.)*	*Poprzedni rok (w dol.)*
Naprawy i utrzymanie	838	6700	8010
Media	409	3273	3273
Podatki od nieruchomości	425	3400	3400
Ubezpieczenie	125	1000	1000
Rezerwa	150	1200	
Wszystkie koszty	1947/mieszkanie 31,05/m²	15 573	15 683

Przyjrzyjmy się tym liczbom dokładniej i dodajmy oszacowane przez nas koszty. Najpierw spójrzmy na pozycję „Naprawy i utrzymanie".

	Na mieszkanie (w dol.)	*Prognoza sprzedającego (w dol.)*	*Poprzedni rok (w dol.)*	*Własna prognoza (w dol.)*
Naprawy i utrzymanie	838	6700	8010	8010

Pierwszą rzeczą, która zwróciła moją uwagę w tym przypadku, był fakt, że wartość podana przez sprzedającego była niższa niż faktyczne koszty poniesione w roku poprzednim. Z jakiegoś powodu ten sprzedający lub pośrednik chce, aby kupujący uwierzyli, że wydatki na naprawy i utrzymanie się zmniejszą! Właściwie to ten sprzedający przewiduje, że koszty te zmniejszą się o ponad 1300 dolarów w stosunku do rzeczywistych kosztów poniesionych w roku poprzednim. A oto taka niepisana zasada: w miarę jak nieruchomości się starzeją, koszty napraw i utrzymania rosną. Zdrowy rozsądek podpowiada, że w nadchodzącym roku będą one takie same lub wyższe. Nie chcę komplikować tego przykładu. Do moich obliczeń wykorzystam wartość z poprzedniego roku – 8010 dolarów – wiedząc, że nawet ona może być zaniżona. Czas pokaże.

W następnej kolejności przyjrzyjmy się wydatkom na media:

	Na mieszkanie (w dol.)	*Prognoza sprzedającego (w dol.)*	*Poprzedni rok (w dol.)*	*Własna prognoza (w dol.)*
Media	409	3273	3273	3273

Liczba podana w prospekcie informacyjnym sprzedającego zdaje się zgadzać z faktycznymi kosztami poniesionymi w roku poprzednim. Jednak muszę Cię przestrzec, że opłaty za media zwykle rosną z roku na rok. W tym prospekcie sprzedający nie przewiduje żadnych podwyżek. Na razie użyjemy wartości podanej przez sprzedającego, choć możesz uzyskać bardzo bliskie rzeczywistości prognozy, po prostu kontaktując się z zakładami użyteczności publicznej.

Spójrzmy teraz na kolejny wiersz naszej tabeli kosztów: „Podatki od nieruchomości".

	Na mieszkanie (w dol.)	*Prognoza sprzedającego (w dol.)*	*Poprzedni rok (w dol.)*	*Własna prognoza (w dol.)*
Podatki od nieruchomości	425	3400	3400	3400

Koszty związane z podatkami od nieruchomości można łatwo określić z niemalże idealną precyzją. Dla wielu rejonów dane te można zwykle znaleźć w Internecie. Po prostu odwiedź stronę internetową wydziału podatków i opłat lokalnych miejscowego urzędu miasta i na niej znajdź wyszukiwarkę nieruchomości. Potem wpisz adres interesującej Cię nieruchomości, a na ekranie pojawią się aktualne wyliczenia. W większości wypadków zobaczysz nie tylko wysokość podatku za poprzedni rok, ale także prognozy na najbliższy rok lub dwa lata. Skup się na przyszłości i wykorzystaj szacunkową wartość na kolejny rok jako Twoją prognozę.

Musisz wiedzieć, że sprzedaż nieruchomości często powoduje wzrost podatku, powinieneś więc skonsultować to z członkiem Twojego zespołu, który zajmuje się podatkami od nieruchomości. Do celów naszej oceny kosztów, przyjmijmy że podane przez sprzedającego liczby są dokładne.

W następnej kolejności przyjrzyjmy się kosztom ubezpieczenia.

	Na mieszkanie (w dol.)	*Prognoza sprzedającego (w dol.)*	*Poprzedni rok (w dol.)*	*Własna prognoza (w dol.)*
Ubezpieczenie	125	1000	1000	1200

Ubezpieczenia to biznes, który rozwija się nader szybko, a składki bywają różne w różnych firmach. Sugeruję, żeby poprosić kilku agentów ubezpieczeniowych o ustalenie składek dla danej nieruchomości.

Potem uzyskane w ten sposób liczby możesz wykorzystać w swoich obliczeniach. Gdy Twój biznes się rozwinie, będziesz mógł wykupić pakiet ubezpieczeń dla wszystkich swoich nieruchomości, dzięki czemu uzyskasz znaczne oszczędności. My tak właśnie postępujemy i co roku prosimy o nowe wyliczenie składek. W naszej przykładowej analizie kosztów związanych z nieruchomością w Phoenix zwiększymy przewidywany koszt ubezpieczenia do 1200 dolarów. Tak podpowiada mi doświadczenie.

I w końcu koszty z rubryki „Rezerwa":

	Na mieszkanie (w dol.)	*Prognoza sprzedającego (w dol.)*	*Poprzedni rok (w dol.)*	*Własna prognoza (w dol.)*
Rezerwa	150	1200		1200

Rezerwa to środki przeznaczone na nieuniknione wymiany, takie jak sprzęt AGD, wykładziny, blaty, dachy i tym podobne. Naprawdę niepokoi mnie, gdy widzę, że sprzedający nie wydał ani centa na tę nieruchomość w poprzednim roku – pokazuje to tabela. Ponadto pośrednik lub sprzedawca przewidział dodatkowe 1200 dolarów dla kupującego i wierz mi, to nie jest prezent. Mówi mi to, że z nieruchomością związane są jakieś odroczone naprawy i że ich koszt jest prawdopodobnie wyższy niż 1200 dolarów. Do celów przygotowania tej oferty na razie pozostawimy liczbę 1200 dolarów, ale po tym, jak zobaczę tę nieruchomość, mogę zmienić zdanie.

Skorygowane koszty

W tym momencie mamy już wszystkie liczby, których potrzebujemy, żeby zakończyć naszą analizę. Sumujemy wszystkie kwoty i obliczamy wszystkie koszty. Pamiętaj, że jeszcze nie widzieliśmy tej nieruchomości, gdy ją więc odwiedzimy, prawdopodobnie ponownie skorygujemy ostateczną kwotę na podstawie wyników naszej inspekcji.

Oto wyniki naszych obliczeń:

Koszty

	Na mieszkanie (w dol.)	*Prognoza sprzedającego (w dol.)*	*Poprzedni rok (w dol.)*	*Własna prognoza (w dol.)*
Naprawy i utrzymanie	838	6700	8010	8010
Media	409	3273	3273	3273
Podatki od nieruchomości	425	3400	3400	3400
Ubezpieczenie	125	1000	1000	1200
Rezerwa	150	1200		1200
Wszystkie koszty	1947/ mieszkanie 31,05/m^2	15 573	15 683	17 083

Spójrz na wiersz „Wszystkie koszty" i zauważ, jak podane tam liczby się różnią. Jak widzisz, rozpiętość jest znaczna – od 15 573 do 17 083 dolarów. To 1510 dolarów (17 083 – 15 573) różnicy pomiędzy przewidywanymi przez nas kosztami związanymi z funkcjonowaniem tej nieruchomości a kosztami podanymi przez sprzedającego w prospekcie informacyjnym. Gdybyś kupił tę nieruchomość, nie przeprowadziwszy tej procedury, musiałbyś odjąć te 1510 dolarów od swojego zysku.

Etap trzeci: Określ zysk operacyjny

Po tym, jak określiłeś potencjał nieruchomości do generowania przychodu i oszacowałeś koszty, musisz ustalić zysk operacyjny. Jest to bardzo ważna liczba, ponieważ to na niej ostatecznie oprzesz swoją ofertę. Aby ją obliczyć, musisz po prostu odjąć koszty od uzyskanego przychodu. Miejmy nadzieję, że będzie to duża, dodatnia liczba. Im większa, tym lepsza! Jednak zanim podekscytujesz się na widok tej liczby, która jest jednym ze wskaźników przepływu pieniężnego netto, pamiętaj, że nie uwzględnia ona zaciągniętego kredytu. Rata kredytu będzie ustalona na podstawie kwoty, którą zapłacisz za tę nieruchomość, Twojego wkładu własnego oraz wysokości stóp procentowych.

Zysk operacyjny = Przychód – Koszty

Przychód

	Prognoza sprzedającego (w dol.)	*Poprzedni rok (w dol.)*	*Własna prognoza (w dol.)*
Zaplanowany czynsz brutto	48 000		41 904
Minus: współczynnik niewynajętej powierzchni -7%	-3360		-2933
Przychód z czynszu netto	44 640		38 971
Plus: pozostałe przychody	480		480
Przychód całkowity	45 120	41 800	39 451

Koszty

	Na mieszkanie (w dol.)	*Prognoza sprzedającego (w dol.)*	*Poprzedni rok (w dol.)*	*Własna prognoza (w dol.)*
Naprawy i utrzymanie	838	6700	8010	8010
Media	409	3273	3273	3273
Podatki od nieruchomości	425	3400	3400	3400
Ubezpieczenie	125	1000	1000	1200
Rezerwa	150	1200		1200
Wszystkie koszty	1947/ mieszkanie 31,05/m^2	15 573	15 683	17 083

Teraz to już proste. Od prognozowanego całkowitego przychodu (39 451 dolarów) odejmij wszystkie przewidywane koszty (17 083 dolarów), a otrzymasz zysk operacyjny (w tym wypadku w wysokości 22 368 dolarów).

Przyjrzyjmy się dokładniej, żeby ukazał się nam pełny obraz:

Zysk operacyjny

	Prognoza sprzedającego (w dol.)	*Poprzedni rok (w dol.)*	*Własna prognoza (w dol.)*
Całkowity przychód	45 120	41 800	39 451
Wszystkie koszty	15 573	15 683	17 083
Zysk operacyjny	29 547	26 117	22 368

Tabela powyżej pokazuje okrutną rzeczywistość: przedstawiony przez sprzedającego w prospekcie informacyjnym zysk operacyjny jest o całe 7179 dolarów (29 547 – 22 368) wyższy niż nasza prognoza. To jest znacząca różnica i z pewnością skazałaby niczego niepodejrzewającego kupującego na niepowodzenie. Powiem to jeszcze raz: zysk operacyjny jest bardzo ważną liczbą i za chwilę dowiesz się dlaczego.

Etap czwarty: Oblicz stopę kapitalizacji i przeprowadź wycenę

Stopa kapitalizacji? Wiem, że myślisz, iż temat zaczyna się komplikować; bez wątpienia to poziom trzeciego roku studiów z rachunkowości. Jednak zanim zamkniesz tę książkę, pozwól mi wyjaśnić. Po pierwsze, brzmi to o wiele bardziej skomplikowanie, niż jest w rzeczywistości. Z matematycznego punktu widzenia stopa kapitalizacji to zysk operacyjny podzielony przez cenę zakupu.

Stopa kapitalizacji = Zysk operacyjny : Cena zakupu

Teraz na pewno myślisz: „Ken, jak mogę obliczyć stopę kapitalizacji, gdy nie znam jeszcze ceny zakupu? W końcu do tego właśnie usiłuję dojść w całym tym procesie. Nie mów mi, że potrzebna mi tu będzie algebra!". Nie, nie będzie potrzebna. Tak naprawdę jest to bardzo proste. Cena zakupu w naszym wzorze to faktycznie *typowa* cena zakupu za porównywalny budynek na Twoim rynku. Tak więc to bardzo skomplikowanie brzmiące słowo oznacza coś, co możesz bez trudu uzyskać od brokerów, pośredników nieruchomości lub nawet z prospektu informacyjnego danej nieruchomości. Ludzie zajmujący się tym biznesem – członkowie Twojego zespołu – albo znają stopę kapitalizacji właściwą dla Twojego rynku, albo pomogą Ci ją obliczyć. I to wszystko.

Aby ustalić, ile dana nieruchomość jest warta – innymi słowy przeprowadzić jej wycenę – po prostu podziel zysk operacyjny przez stopę kapitalizacji. Liczba, którą uzyskasz, jest Twoją ceną nieruchomości. W poprzednim wzorze była nazwana ceną zakupu. Kwota, do jakiej doszedłeś w wyniku wyceny, jest Twoją początkową ofertą.

Wartość nieruchomości i oferowana cena =
Zysk operacyjny : Stopa kapitalizacji

Spójrzmy więc znowu na nasz przykład. Stopa kapitalizacji podana w prospekcie informacyjnym nieruchomości w Phoenix wynosiła 8,74% i była to standardowa wartość używana przez pośrednika. Na tym etapie po prostu użyję podanej stopy kapitalizacji. Nie ma sensu zadawać sobie trudu i postępować inaczej, przynajmniej na razie. Podzielimy więc nasz zysk operacyjny przez stopę kapitalizacji, w wyniku czego uzyskamy wartość nieruchomości i oferowaną cenę w wysokości 255 926 dolarów.

22 368 $: 0,0874 = 255 926 $
Oferta nie powinna być wyższa niż 256 tysięcy dolarów.

Koniec! Mamy oferowaną cenę! Ale czegoś tu brakuje. A tak, prawdopodobnie zastanawiasz się, jakiej kwoty za swoją nieruchomość żądał sprzedający. Nie będę trzymał Cię dłużej w napięciu. Cena, jakiej żądał sprzedający, wynosiła 338 tysięcy dolarów. Oczywiście, myślisz teraz, że to naprawdę dużo. Oto jak wysoka jest ta cena. Gdybyś kupił tę nieruchomość z 10-procentowym wkładem własnym, to przy kredycie oprocentowanym na 7,5% musiałbyś spłacić 25 524 dolary. Pamiętasz nasz przewidywany zysk operacyjny? Pozwól, że odświeżę Ci pamięć: było to 22 368 dolarów. Czy widzisz, na czym polega problem? Uzyskany przychód nie wystarczyłby nawet na pokrycie Twojego kredytu, a co dopiero innych kosztów. Gdybyś kupił tę nieruchomość po cenie ofertowej 338 tysięcy dolarów lub nawet za 300 tysięcy, Twój przepływ pieniężny już na samym początku byłby ujemny.

A jeżeli myślisz, że nasz przykładowy prospekt informacyjny uzyskałem od pierwszego lepszego niezbyt dużego biura pośrednictwa nieruchomości, to się mylisz. Było wręcz przeciwnie. Prospekt ten został przygotowany i zaprezentowany przez jedną z najlepszych amerykańskich tego typu firm działających na rynku nieruchomości.

Etap piąty: Oblicz ratę kredytu i Twój zysk z zainwestowanych pieniędzy

Przyjmijmy, że i Ty, i sprzedawca zgodzicie się na cenę 256 tysięcy dolarów, a teraz nadszedł czas, aby obliczyć wysokość raty kredytu. W tym momencie pomocny może się okazać jeden z członków Twojego zespołu lub pośrednik, chociaż ja zrobiłem to sam w ciągu kilku sekund. W wyszukiwarce internetowej Google wpisałem słowa „rata kredytu" i na stronie pojawiło się wiele linków do różnego rodzaju kalkulatorów kredytowych. Podałem dwie wartości: wysokość kredytu i oprocentowanie. Momentalnie na ekranie pojawił się harmonogram płatności! Uwielbiam XXI wiek.

Wróćmy jednak do naszego przykładu. Liczby, których użyłem, opierały się na naszej oferowanej cenie, 10-procentowym wkładzie własnym, czyli na kwocie 25 600 dolarów, oraz na takim samym oprocentowaniu (7,5%). Za pomocą kalkulatora kredytowego obliczyłem pierwszą ratę kredytu w wysokości 20 010 dolarów. Na pewno jest to przyjemniejsza liczba, szczególnie gdy weźmiemy pod uwagę prognozowany przez nas zysk operacyjny, który wynosi 22 368 dolarów.

Zupełnie ostatnim etapem jest obliczenie Twojego faktycznego zysku: wystarczy odjąć ratę kredytu od przewidywanego zysku operacyjnego. Przy naszych wartościach przewidywany zysk z tej nieruchomości wynosi 2358 dolarów. Czy to dużo, czy mało? Oto, jak możesz się o tym przekonać: obliczasz swój zwrot z zainwestowanych pieniędzy, który – jak sobie przypominasz – jest podobny do zwrotu z inwestycji.

Aby go obliczyć, dzielisz swój zysk – 2358 dolarów – przez wkład własny, czyli 25 600 dolarów. Dla tej transakcji Twój zwrot z zainwestowanych pieniędzy wynosi 9,2%. Nieźle.

Zwrot z zainwestowanych pieniędzy = Zysk : Wkład własny

Gratulacje! Gdybyś kupił tę nieruchomość za 256 000 dolarów przy 10-procentowym wkładzie własnym, to Twój zwrot z inwestycji wyniósłby 9,2%.

Z tymi pięcioma etapami – z pięcioetapową wyceną nieruchomości – wiążą się najważniejsze pojęcia w tej książce. Umożliwiają Ci one przeprowadzenie wyceny inwestycji w nieruchomości w sposób, w jaki to robią profesjonaliści. Dzięki nim zyskujesz duże możliwości i pewność siebie. Dają Ci one praktyczne narzędzia do przeprowadzania realistycznych, opartych na faktach testów porównawczych, abyś mógł podejmować najlepsze decyzje związane z zakupem nieruchomości. Dają Ci podstawę, dzięki której będziesz mógł rozsądnie rozmawiać ze sprzedającym. I dają Ci głębokie przekonanie o tym, że nie pchasz się w coś, co może się nie powieść.

Jeżeli poświęcisz czas, aby w sposób jasno opisany w tym rozdziale zgromadzić informacje dotyczące przychodu i kosztów, to będziesz wiedział, czego potrzebujesz, żeby zarządzać tą nieruchomością, i ile możesz oczekiwać, że na niej zarobisz. Będziesz dobrze poinformowany przed kolejną rozmową ze sprzedającym, a już na pewno zanim przedstawisz mu swoją ofertę. Ja kupuję w ten sposób wszystkie moje nieruchomości pod wynajem; zawsze przechodzę przez dokładnie te same pięć etapów. Nie śmiałbym robić tego w jakikolwiek inny sposób. Za bardzo lubię spać spokojnie.

Po przeczytaniu rozdziału siódmego

- Wpisz się na listy adresowe, aby otrzymać kilka prospektów informacyjnych dotyczących nieruchomości, byś mógł przećwiczyć ten pięcioetapowy proces wyceny nieruchomości.
- Wykorzystaj liczby zawarte w takim prospekcie, aby obliczyć swoją oferowaną cenę.
- Pamiętaj, że gdy będziesz naprawdę przechodził przez te pięć etapów, będziesz weryfikował wszystkie liczby zawarte w prospekcie informacyjnym z pomocą członków swojego zespołu.
- Zacznij dzwonić do właścicieli nieruchomości w celu przedyskutowania kupna nieruchomości, które Cię interesują.
- Przeprowadź ten proces wyceny na prawdziwej nieruchomości, wykorzystując prawdziwe dane.

ROZDZIAŁ ÓSMY
Wielkie zobowiązanie

Poprzedni rozdział w całości był poświęcony określaniu wartości nieruchomości; dotyczył zasadniczo oceny tej nieruchomości z pozycji kupującego. Pięcioetapowa wycena nieruchomości przypomina podjęcie się misji rozpoznawczej, podczas której poszukujesz informacji niezbędnych do stworzenia ogólnego obrazu jakiegoś budynku. Mówię „ogólnego", ponieważ tak naprawdę nigdy nie będziesz wiedział wszystkiego o danej nieruchomości. Będziesz miał pojęcie o ogólnym jej stanie i zrozumiesz, jak to się stało, że się w nim znalazła. Może nawet ustalisz, jakie będą jej przewidywane wyniki w przyszłości. Jednak i tak będziesz daleki od tego, by wiedzieć wszystko na temat tej nieruchomości. I nie ma w tym nic złego. Ale z całą pewnością obraz, który uzyskasz, będzie konkretny i prawdziwy, oparty na liczbach i faktach. Czas na poznanie wszystkich szczegółów będziesz miał w trakcie należytej analizy stanu.

Podejmowanie zobowiązań nigdy nie przychodziło mi łatwo. Spytaj o to moją żonę. Chociaż dzięki niej dawno temu nauczyłem się, jak rozpoznać coś dobrego. To samo dotyczy nieruchomości. Teraz o wiele łatwiej podejmuję zobowiązania, zwłaszcza gdy trzymam się jednej prostej zasady. Gdy wiem 70% wszystkiego, czego mogę się dowiedzieć na temat jakiejś nieruchomości, dla mnie jest to wystarczająco dużo, żeby podjąć decyzję. Moim zdaniem 60% to za mało, a jeżeli będę czekał do momentu, aż zgromadzę 90% informacji, to ktoś albo mnie ubiegnie, albo wpadnę w typową pułapkę – gdy zawsze ma się za mało informacji, aby podjąć decyzję. Sytuację taką nazywam paraliżem analitycznym. Gdy patrzę na to z perspektywy czasu, odnoszę wrażenie, że raczej nie wiedziałem 70% wszystkiego tego, co mógłbym wiedzieć o mojej żonie, gdy podejmowałem to wielkie zobowiązanie. Można powiedzieć, że miałem szczęście. Ale to było małżeństwo. Nie próbuj swojego szczęścia w stosunku do nieruchomości.

Zanim przejdziemy dalej, chciałbym Ci jeszcze uświadomić jedną rzecz: jeżeli po przeprowadzonej analizie nie jesteś przekonany o tym, że dana nieruchomość jest dobrą inwestycją, innymi słowy – jeśli przepływ pieniężny netto jest zbyt niski, to może byłoby lepiej, żebyś zrezygnował z tej transakcji lub zaoferował znacznie niższą cenę, aby związane z nią liczby miały sens. Te liczby nie kłamią i jeżeli Twoje obliczenia są poprawne, to uzyskane przez Ciebie szacunkowe wartości odpowiadają faktycznemu stanowi rzeczy. Rezygnacja w tym momencie jest jak najbardziej na miejscu, chociaż możesz odnieść wrażenie, że wykonałeś dużo pracy na marne. Ale pamiętaj, że pokonując poszczególne etapy tego procesu, czegoś się uczysz. Z każdą czynnością, każdym obliczeniem, każdą inspekcją budynku stajesz się mądrzejszy. Następnym razem będziesz dwa razy szybszy i trzy razy dokładniejszy. Nauka nigdy nie jest stratą czasu.

Ja rezygnuję z większości transakcji w tym krytycznym momencie. Mówię Ci o tym, bo na tym etapie większość ludzi jest już emocjonalnie zaangażowana w daną nieruchomość i w cały proces, niechętnie więc rezygnuje z transakcji. Około 30 minut zabiera mi przeprowadzenie pięcioetapowej wyceny nieruchomości, a wtedy mam już wszystkie informacje, których potrzebuję. Używam tych liczb i mojego zdrowego rozsądku, aby przejść do kolejnej transakcji, o ile ta, nad którą się właśnie zastanawiałem, nie ma sensu.

Jeżeli natomiast będziesz uważał, że dana nieruchomość nadal zdaje się dobrą inwestycją, to zobaczysz, że dzięki tak dokładnym przygotowaniom umocnisz swoją pozycję na początku negocjacji, ponieważ znasz wszystkie liczby i fakty. A wierz mi, liczby i fakty eliminują emocje z tego procesu. Ale spójrzmy na to realistycznie. Możesz się spotkać z pewną wrogością ze strony sprzedającego, który myśli, że jego nieruchomość jest warta więcej, niż Ty wykazałeś. Zdarza się to często. Różnica jednak polega na tym, że znając te liczby, nie wchodzisz do biura sprzedającego i nie przedstawiasz mu przypadkowej, zaniżonej oferty. Zamiast tego przychodzisz dobrze przygotowany z obliczeniami opartymi na analizie i faktach, przeprowadzonymi przy wykorzystaniu formuł spełniających normy branżowe oraz z realistyczną ofertą. Choć sprzedający może być oburzony, obaj będziecie wiedzieli, że Twoja oferta jest uczciwa. Sprzedający może po prostu potrzebować trochę więcej czasu, aby dojść do tego wniosku.

Teraz powinieneś przekonać sprzedającego, żeby to Tobie sprzedał swoją nieruchomość.

Gdy podobają Ci się liczby i podejmiesz decyzję o zakupie, doszedłeś do bardzo ważnego momentu. W tej fazie procesu Twoim celem jest „zagwarantowanie sobie wyłączności na zakup tej nieruchomości". Oznacza to, że chcesz, aby sprzedający wycofał z rynku ofertę jej sprzedaży. A możesz to zrobić, rozpoczynając proces przygotowywania umowy przedwstępnej lub – w niektórych wypadkach – zawierając umowę kupna-sprzedaży. Po podpisaniu takiej umowy dana nieruchomość nie może być sprzedana żadnemu innemu kupującemu. Im szybciej zagwarantujesz sobie wyłączność na zakup nieruchomości, tym większe masz szanse sfinalizowania tej transakcji po Twojej cenie. To dlatego staram się przejść przez wszystkie opisane w poprzednim rozdziale etapy w ciągu 48 godzin od otrzymania wszystkich niezbędnych informacji. Potrzebowałem wielu lat, aby tak zoptymalizować ten proces, ale dzięki naszej szybkości udało mi się też przeprowadzić kilka transakcji na swoją korzyść.

Bez względu na to, czy zajmie Ci to 2 dni, czy 2 tygodnie, gdy podejmiesz decyzję o zakupie, powinieneś postępować zgodnie ze standardową procedurą kupowania nieruchomości inwestycyjnych: pamiętaj, że celem jest tu zagwarantowanie sobie wyłączności na zakup nieruchomości, dlatego w tym czasie negocjuj warunki sprzedaży i, co jest tak samo ważne, w najdrobniejszym szczególe analizuj sytuację tej nieruchomości i jej wyniki. Zanim skończysz, może się okazać, że Twoja oferta była zbyt wysoka i musi zostać skorygowana. Albo że była ona trafna. Jeżeli jest zbyt niska, to odwołaj się do swojej etyki.

Zajmijmy się teraz wspomnianą wcześniej procedurą. Jest ona typowa dla dużych transakcji i odzwierciedla sposób, w jaki zakupy nieruchomości są dokonywane w wielu krajach. Ale każdy kraj jest inny, więc skonsultuj się w tej kwestii z członkami swojego zespołu – prawnikiem i pośrednikiem nieruchomości. Niezależnie od rodzaju dokumentu etapy transakcji, przez które musisz przejść, postępując zgodnie z tą procedurą, są takie same. Nie martw się za dużo o rodzaj dokumentu – czy jest to umowa przedwstępna, czy standardowa umowa kupna-sprzedaży – bądź bardziej zainteresowany tym, co dany dokument zawiera.

Umowa przedwstępna

Gdy przeprowadziłeś już wycenę, przechodząc te pięć etapów przedstawionych w poprzednim rozdziale, jesteś gotów do przygotowania umowy przedwstępnej lub umowy kupna-sprzedaży. W celu nakreślenia kwestii dotyczących transakcji pomiędzy mną i sprzedającym wolę korzystać ze standardowej umowy przedwstępnej, zanim przejdę do formalnej umowy kupna-sprzedaży. Umowy przedwstępne oszczędzają mi znaczne sumy pieniędzy, które wydałbym na honoraria prawników, ponieważ nie są oni zwykle zaangażowani w negocjacje związane z przygotowaniem takiej umowy. W dodatku praca wykonana podczas tego procesu sprawia, że stworzenie właściwego kontraktu przebiega sprawniej i szybciej. Umowa przedwstępna zawiera Twoją ofertę wraz z podstawowymi kwestiami, takimi jak wysokość Twojego wkładu, ramy czasowe dla należytej analizy stanu, wysokość zaliczki oraz sposób finansowania.

Do wspomnianych wyżej kwestii wrócimy za chwilę. Teraz pewnie już rozumiesz, dlaczego dobrze jest stworzyć swój zespół wcześniej. Ostatnią rzeczą, jaką chciałbyś teraz robić, jest budowanie relacji z bankami, notariuszami czy inwestorami. Już dawno powinieneś mieć to za sobą; czas gra tutaj zasadniczą rolę. Przygotuj swoją umowę przedwstępną możliwie najszybciej, tak abyś zgodził się co do podstawowych warunków umowy ze sprzedającym i zagwarantował sobie wyłączność na zakup tego budynku. Na rynkach charakteryzujących się wysokim popytem czas nie jest po Twojej stronie, więc ja zwykle faksuję lub wynajmuję firmę kurierską, aby jak najszybciej dostarczyła ten dokument sprzedającemu. Tradycyjna poczta jest o wiele za wolna.

Umowy przedwstępne przypominają propozycję, którą wysyłasz sprzedającemu. Z racji swojej natury są one przedmiotem negocjacji, a pierwszy dokument, który wysyłasz, jest punktem wyjścia. Sprzedający przeanalizuje Twoją ofertę oraz warunki i zwykle przedstawi swoje warunki oraz skoryguje niektóre Twoje propozycje. Jest to proces dwukierunkowej wymiany informacji, niech więc Cię nie zdziwi, jeżeli będzie trwał tygodniami. To normalne.

Musisz być świadomy tego, że chociaż ze sprzedającym prowadzisz aktywne negocjacje odnośnie do warunków sprzedaży, to nieruchomość cały czas jest na rynku. Całkiem niedawno straciłem nieruchomość podczas przygotowywania umowy przedwstępnej. Pewnie się domyślasz, jak się czułem. Nie informując nas o tym, sprzedający pertraktował z innym zainteresowanym i wykorzystał naszą ofertę, aby zwiększyć kwotę oferty drugiego kupującego. Właściciel nieruchomości sfinalizował transakcję, podpisując umowę kupna-sprzedaży z tym drugim kupującym. Otwarty został rachunek powierniczy. Nie było to miłe uczucie! Ale dzieje się tak częściej, niż Ci się wydaje. Nie pal jednak za sobą mostów! Nieruchomość ta wróciła do nas 3 miesiące później, gdy pierwszy kupujący nie mógł zorganizować źródeł finansowania i później to my sfinalizowaliśmy tę transakcję.

Przykładowe umowy przedwstępne można znaleźć w Internecie. Dzięki nim będziesz wiedział, jak dokumenty te wyglądają. Nie musisz ich sam sporządzać. Zwykle Twój pośrednik nieruchomości zajmuje się przygotowaniem umów przedwstępnych, a Ty je sprawdzasz i zatwierdzasz. Zauważ, że umowa przedwstępna zwykle nie jest wiążąca. Jest to tylko umowa, w której wyrażasz chęć kupna danej nieruchomości oraz proponujesz warunki jej zakupu.

Umowa kupna-sprzedaży

Gdy zarówno kupujący, jak i sprzedający zgodzą się na warunki wymienione w podpisanej przez nich umowie przedwstępnej, możesz zlecić swojemu prawnikowi przygotowanie umowy kupna-sprzedaży lub możesz użyć standardowego formularza otrzymanego od pośrednika, z którym współpracujesz. To w tym dokumencie określasz wszystkie szczegóły sprzedaży, innymi słowy – wymieniasz wszystko to, co każda strona ma zrobić, aby można było sfinalizować transakcję. Umowy takie mogą mieć dziesiątki stron i także przy ich tworzeniu pewne kwestie mogą jeszcze być negocjowane. Umowy kupna-sprzedaży zawsze zawierają szczegółowy opis tego, w jaki sposób sprzedający udzieli informacji dotyczących aktualnej rentowności nieruchomości. Poza tym określają najważniejsze terminy, na przykład kiedy Twoja zaliczka przestanie podlegać zwrotowi, kiedy zakończy się okres należytej analizy stanu oraz kiedy przypadnie data finalizacji transakcji. Pomiędzy prawnikami sprzedającego i kupującego mogą się toczyć ożywione negocjacje. Jednak proces ten zwykle przebiega o wiele szybciej niż faza umowy przedwstępnej. To wtedy znaczna większość kwestii związanych z transakcją zostaje rozstrzygnięta.

Gdy będziesz gotowy, aby podpisać umowę kupna-sprzedaży, będziesz musiał wpłacić zaliczkę, która zwykle podlega całkowitemu zwrotowi do momentu zakończenia procesu należytej analizy stanu i uzyskania przez Ciebie źródeł finansowania, czym zajmiemy się trochę później. Sam zawsze się też upewniam, że każdy kontrakt, który podpisujemy, zawiera pewne ważne sformułowania. Oto one:

- Cena zakupu: jaka jest całkowita cena?
- Twój wkład: ile muszę wyłożyć z własnej kieszeni?
- Jaka jest wysokość zaliczki, która jest wymagana, aby można było rozpocząć szczegółową analizę stanu nieruchomości.
- Kto prowadzi rachunek powierniczy, na którym zdeponowana jest zaliczka, oraz kiedy przestaje ona podlegać zwrotowi?
- Jakie są ramy czasowe – począwszy od daty przyjęcia umowy, zwłaszcza te dotyczące warunków wstępnych i wypłat z rachunku powierniczego.
- Jak po zamknięciu transakcji podzielić środki pochodzące z czynszów oraz kaucje, wpłacone zaliczki na podatek, opłacone składki ubezpieczeniowe?
- Kiedy zostanie dostarczony akt własności i co będzie zawierał?
- Jaki jest sposób finansowania: czy będzie to uzyskanie nowego kredytu, czy przejęcie już istniejącego?

- Jakie są ramy czasowe dla należytej analizy stanu, łącznie z otrzymaniem wszystkich ksiąg rachunkowych i archiwów, umów najmu, zestawień operacyjnych, zestawień płatności czynszów, spisów wyposażenia mieszkań, umów o świadczenie usług konserwacyjnych, informacji o stanie i wykorzystaniu mediów, wypisu i wyrysu z rejestru gruntów i raportu zgodności w terenie, raportów dotyczących stanu otoczenia budynku, planów zagospodarowania terenów, planów budynku, raportu o stanie technicznym budynku, ostatnio przeprowadzonych operatów szacunkowych? Jako kupujący musisz otrzymać wszystkie te dokumenty przed rozpoczęciem należytej analizy stanu.
- Kiedy mają się odbyć inspekcje, które przeprowadza firma zajmująca się tępieniem szkodników?
- Kiedy masz odbyć osobiste inspekcje zarówno części zewnętrznych, jak i wnętrza nieruchomości, łącznie z mieszkaniami i powierzchnią wspólną?
- Czy sprzedający ma jakiekolwiek informacje na temat użytych na terenie budynku farb zawierających ołów, występowania pleśni lub innych alergenów?

Również i w tym zakresie przepisy dotyczące sprzedaży nieruchomości komercyjnych są różne w różnych krajach, powinieneś więc skonsultować się z wykwalifikowanym prawnikiem. I w tym momencie w Twoim zespole powinien się już znajdować prawnik, który zna Twoje konkretne cele. Ściśle współpracuj ze swoim prawnikiem i pośrednikiem, abyś mógł być pewny, że w terminie otrzymasz wszystko to, co przewiduje umowa.

Warunki wstępne

Stosowną poradę dotyczącą warunków wstępnych otrzymasz od swojego prawnika. Warunki te to zapisy w umowie, na które możesz się powołać, żeby wycofać się z transakcji w razie wystąpienia nieprzewidzianych okoliczności. Przykładami warunków, od których spełnienia jest uzależniona realizacja umowy, mogą być uzyskanie kredytu na sfinansowanie zakupu lub wyniki należytej analizy stanu nieruchomości. Są one niezmiernie ważne i sugeruję, żeby znajdowały się w każdej umowie kupna-sprzedaży.

Warunek na wypadek nieuzyskania kredytu zastrzega, że sprzedaż nieruchomości jest zależna od tego, czy otrzymasz kredyt. Zapis taki daje Ci wyjście, gdyby pożyczkodawca odmówił sfinansowania transakcji. Nie podpiszę żadnej umowy, która nie będzie zawierała warunku tego typu. Zajmowaliśmy się kiedyś zarządzaniem pewną nieruchomością. Kupujący wpłacił wówczas zaliczkę w wysokości 200 tysięcy dolarów, a umowa nie zawierała warunku na wypadek nieuzyskania kredytu. Kredytu nie zdobył. Smutne zakończenie tej historii jest takie, że stracił swoje 200 tysięcy dolarów. To prawdziwa historia.

Warunki związane z wynikami należytej analizy stanu są niemniej ważne. Zapisy te zawarte w umowie kupna-sprzedaży stwierdzają, że Ty – jako kupujący – masz prawo zobaczyć wszystkie dokumenty związane z daną nieruchomością. Mówią one też, że jako kupujący możesz zadać sprzedającemu wszelkie pytania związane z nieruchomością i że powinien on na nie odpowiedzieć uczciwie i możliwie najszybciej. Przekonasz się o tym w kolejnym rozdziale – wyniki należytej analizy stanu ostatecznie zdecydują o tym, czy daną nieruchomość kupisz, czy nie. Pomogą Ci także opracować plan zarządzania nieruchomością oraz budżet operacyjny – są to dwa niezmiernie ważne etapy na drodze do osiągnięcia maksymalnie dużego zysku z inwestycji. Zapis ten zagwarantuje Ci to, że otrzymasz wszystkie informacje, których będziesz potrzebował.

Podpisanie umowy

Gdy zarówno kupujący, jak i sprzedający zgodzili się na wszystkie warunki, umowa kupna-sprzedaży jest gotowa do podpisania. Jest ona wiążąca i w większości wypadków będziesz musiał wpłacić zaliczkę w dniu jej podpisywania. I znowu zaliczka ta podlega w pełni zwrotowi, a Ty możesz odstąpić od transakcji do momentu, w którym zostaną spełnione warunki wstępne, takie jak przeprowadzenie należytej analizy stanu i uzyskanie kredytu. Ale tym zajmiemy się w kolejnym rozdziale.

Chociaż zawarta umowa jest wiążąca, to jeżeli zawiera właściwe zapisy, nadal możesz odstąpić od transakcji, przedłużyć terminy lub skorygować swoją ofertę, powołując się na to, co odkryjesz podczas należytej analizy stanu. Wycofaliśmy nasze oferty zakupu kilku nieruchomości z uzasadnionych powodów. W przypadku jednej nieruchomości podpisaliśmy już umowę kupna-sprzedaży i podczas procesu należytej analizy stanu inżynier budowlany wchodzący w skład naszego zespołu odkrył, że budynek został zbudowany na tak zwanym „gruncie pęczniejącym". Oznacza to, że podłoże zwiększa i zmniejsza swoją objętość w stopniu przekraczającym normę, co może spowodować naruszenie fundamentów. Dowiedziawszy się o tym, przyjrzeliśmy się budynkowi dokładniej i odkryliśmy 6-metrową rysę w basenie, niewielkie pęknięcia w fundamentach oraz zarysowania ścian zewnętrznych. Wszystko to wskazywało na większe problemy, które mogłyby być niezwykle kosztowne. Naszym zdaniem ryzyko było zbyt duże, wysłaliśmy więc list do sprzedającego, informując go, że zgodnie z warunkami umowy wycofujemy się z naszej oferty zakupu.

Po przeczytaniu rozdziału ósmego

- Poszukaj w Internecie i wydrukuj kilka wzorów umów przedwstępnych oraz zapoznaj się z zawartymi w nich zapisami i użytym językiem.
- Zrób to samo z umowami kupna-sprzedaży.
- Nadal przeszukuj prospekty informacyjne pośredników nieruchomości, przeprowadzaj obliczenia prowadzące do wyceny, a gdy natrafisz na transakcję, której liczby będą miały sens, sporządź prawdziwą umowę przedwstępną lub – tak jak jest to praktykowane w niektórych stanach – umowę kupna-sprzedaży.

ROZDZIAŁ DZIEWIĄTY

NALEŻYTA ANALIZA STANU: SZUKANIE WIELKANOCNEGO ZAJĄCZKA

Szukając w słownikach definicji słowa „należyty", natkniemy się między innymi na taką: „taki jak należy, jak być powinien; właściwy, stosowny, odpowiedni". Jednak tak naprawdę to jego synonimy mówią dokładnie, czego się od nas oczekuje podczas przeprowadzania należytej analizy stanu przy zakupie nieruchomości inwestycyjnej. Synonimami słowa „należyty" są między innymi: „dobry, prawidłowy, skrzętny, trafny, właściwy". W naszym przypadku do tej listy moglibyśmy jeszcze dodać słowa: „sumienny, dokładny, rozważny, ostrożny, skrupulatny". I dokładnie tak powinieneś postępować, przeprowadzając należytą analizę stanu danej nieruchomości. Musisz sumiennie przeanalizować każdy dokument związany z zarządzaniem nieruchomością. Dokonaj dokładnej inspekcji każdego mieszkania wchodzącego w jej skład. Powinieneś przywiązywać dużą wagę do każdego szczegółu. Zastanów się, jak poprawić stan nieruchomości i zmniejszyć koszty. Musisz skrzętnie i punktualnie realizować swoje zadania oraz skrupulatnie przeprowadzić wycenę i prowadzić dokumentację.

I tak naprawdę tym właśnie jest proces należytej analizy stanu. To czas, gdy możesz dokładnie przyjrzeć się wszystkiemu, co wiąże się z daną nieruchomością, i wykazać zarówno jej dobre, jak i złe strony. Jest to czas, w którym dokonujesz szczegółowej oceny kosztów związanych z poprawą stanu nieruchomości, ciągłym jej utrzymaniem oraz wynikami. Jest to Twoja ostatnia szansa, aby się upewnić, że zauważyłeś każdą ukrytą jej wadę, wiesz o każdym potencjalnym problemie i dostrzegasz wszystkie realne możliwości.

Celem należytej analizy stanu jest zgromadzenie tylu informacji o danej nieruchomości, ile się tylko da, i opracowanie planu operacyjnego oraz budżetu na podstawie zebranych danych.

W całej mojej karierze związanej z kupowaniem nieruchomości podczas należytej analizy stanu odkrywałem najróżniejsze rzeczy. W jednym budynku, podczas dokładnej inspekcji każdego z mieszkań, znalazłem wszystko: puste mieszkania, które rzekomo były wynajęte (sfałszowane zestawienia czynszów); mieszkania, których nie można wynająć, ponieważ różne elementy instalacji usunięto, aby naprawić inne wynajęte już mieszkania; 3-metrowego boa dusiciela pozostawionego przez lokatora bez opieki; nagiego mężczyznę w lokalu, który powinien być pusty; uszkodzenie dachu na tyle poważne, że widziałem przez nie chmury; brak niezliczonych urządzeń; mieszkania bez wykładzin podłogowych i wiele innych osobliwości.

Zdziwi Cię to, co odkryjesz. A w niektórych przypadkach wcale się nie zdziwisz. Jednak po zakończeniu tego procesu będziesz spokojniejszy, gdy już będziesz wiedział, że nieruchomość, którą kupujesz, nie ma przed Tobą tajemnic. Bardzo Ci się spodoba język użyty w umowie kupna-sprzedaży, z której będzie wynikało, że wszystkie mieszkania muszą być w stanie pozwalającym na wynajem w momencie zamknięcia transakcji!

W tej chwili prawdopodobnie myślisz, że trzeba przyjrzeć się tysiącom rzeczy związanych z nieruchomością; że dokonanie tego zabierze Ci rok. Masz rację, że trzeba przyjrzeć się wielu rzeczom i je ocenić, jednak mylisz się co do czasu. Zła wiadomość jest taka, że nie masz roku na to, aby przeprowadzić należytą analizę stanu. Zwykle trwa to około 30 dni. Przecież to niemożliwe! Też tak myślałem, ale potem przypomniałem sobie, że mam zespół, który może sprawić, że proces należytej analizy stanu będzie o wiele prostszy, bardziej wykonalny i że przyjemnie spędzimy przy tym czas.

W moim odczuciu należyta analiza stanu jest faktycznie czymś w rodzaju zabawy. Wydaje mi się, że jest tak dzięki elementowi zaskoczenia oraz odkrywaniu czegoś niespodziewanego – zarówno dobrych, jak i złych rzeczy. Przypomina to szukanie wielkanocnego zajączka, a pamiętam, że jako dziecko też to lubiłem. Po prostu nigdy nie wiesz, co odkryjesz. Jednak w odróżnieniu od szukania zajączka w dzieciństwie, do należytej analizy stanu przygotowuję nie tylko wielkanocny koszyczek. Ponieważ skrupulatnie przeprowadziłem wstępną wycenę nieruchomości, głęboko wierzę, że wszelkie usterki, jakie znajdę w tej nieruchomości, będą możliwe do usunięcia. Uspokaja mnie także świadomość, że jeżeli odkryję cokolwiek, czego naprawa będzie kosztowała mnie jakąś kwotę, to kwestia ta będzie poruszona w ostatecznych negocjacjach, jeszcze przed finalizacją transakcji. Zgadza się: jeżeli odkryjesz, że nieruchomość wymaga jakichś poważnych napraw, takich jak położenie nowego dachu, odmalowanie elewacji, zakup nowych urządzeń, dezynsekcja, usunięcie węży lub nagich mężczyzn, to możesz oszacować koszty i wliczyć je w ostateczną wycenę nieruchomości i cenę zakupu. W takiej sytuacji znajdujesz – jak ja to nazywam – złotego zajączka.

Lista kontrolna należytej analizy stanu

Jak wspominałem wcześniej, jestem naprawdę dobry, jeżeli chodzi o przeprowadzanie należytej analizy stanu. Widziałem już wiele. Nasza lista kontrolna została stworzona na podstawie ponad 15 lat doświadczenia. Przez lata, za każdym razem, gdy myśleliśmy, że nasza lista jest kompletna, natrafialiśmy na nieruchomość, która stawiała nowe wyzwania. Od mniej więcej roku poniższa lista się nie zmieniła. Wydaje nam się, że teraz uwzględnia ona wszystko.

Lista kontrolna należytej analizy stanu

Przegląd dokumentów

Cel: sprawdzamy w ten sposób poprawność obliczenia potencjalnych przychodów.

Potrzebujesz:

- Podpisanej umowy najmu każdego mieszkania, aby się upewnić, że masz wiążące kontrakty.
- Wysokości miesięcznych czynszów z zestawienia czynszów, które odpowiadają liczbom wykorzystanym w Twojej ofercie.

- Kaucji, które odpowiadają kwotom podanym powiernikowi. Środki te należą do lokatorów, więc rozporządza nimi nowy właściciel.
- Informacji o tym, jakimi ludźmi są lokatorzy z poszczególnych mieszkań. Czy płacą czynsz w terminie? Czy stwarzają problemy innym mieszkańcom budynku? Czy przeprowadzona została analiza historii kredytowej i sprawdzono niekaralność wszystkich lokatorów?

Inspekcja wnętrza

Cel: ma ułatwić Ci zapoznanie się z fizycznym stanem nieruchomości, dzięki niej możesz się również zorientować, jakimi ludźmi są lokatorzy oraz czy istnieje jakieś zagrożenie dla Twojego przyszłego przepływu pieniężnego, jeżeli kupisz tę nieruchomość. Ustalisz faktyczny stan tej nieruchomości i rozpoznasz zakres poważnych napraw.

Poszukuj:

- Wskazówek co do stylu życia aktualnych lokatorów. Widziałem już wszystko – od poważnej działalności narkotykowej po ludzi mieszkających w nędzy. Przemyśl to, co zobaczysz. Lokator, który mieszka bez mebli, śpi na podłodze i trzyma cały swój dobytek w plastikowym worku na śmieci, może oznaczać w przyszłości niewynajęte mieszkanie.
- Niezamieszkałych lokali, które sprzedający wskazał jako wynajęte. Niektórzy sprzedający zawyżają kwoty ze swoich zestawień czynszów i podają informacje o nieistniejących lokatorach lub mają taki nieporządek w dokumentach, że nie wiedzą, jaki jest aktualny stan.
- Lokali, w których brakuje mebli, urządzeń, a także takich mieszkań, w których użyteczność elementów wyposażenia dobiega końca. Stwórz listę wszystkich urządzeń, wykładzin, podłóg z PCV i szafek, które mieszczą się w powyższych kategoriach.
- Poważnych zniszczeń mieszkań i ich wyposażenia dokonanych przez wodę, ogień lub lokatorów.
- Znaków ostrzegawczych, wskazujących na problemy ze szkodnikami w każdym mieszkaniu i wykaż konieczność ich wytępienia, gdy je odkryjesz.

Inspekcje przeprowadzone przez służby publiczne

Cel: mają ustalić, czy stan faktyczny i parametry nieruchomości są zgodne z obowiązującymi normami.

Poszukuj:

- Naruszeń przepisów pożarowych. Wzywam kontrolera z miejscowej straży pożarnej, aby przeprowadził inspekcję. Taka inspekcja w przypadku naszego projektu w Portland wykryła przestarzałą instalację przeciwpożarową, którą należało wymienić, o czym nie wiedzieli nawet ówcześni właściciele.
- Problemów z zaległymi pozwoleniami. Czy bez odpowiednich pozwoleń wykonano jakiekolwiek przebudowy, dostawiono dobudówki, baseny i tym podobne elementy budynku?
- Zagrożeń ekologicznych, takich jak azbest, pleśń, farby zawierające ołów lub radon.
- Wszelkich problemów z prawem własności, na przykład naruszeń planów zagospodarowania terenu lub budynków znajdujących się na terenie innej nieruchomości.

Przegląd umów o świadczenie usług

Cel: ustalenie zobowiązań dotyczących świadczenia usług podjętych przez obecnego właściciela oraz próba znalezienia sposobów ich poprawy w wypadku przeniesienia na nowego właściciela.

Poszukuj:

- Umów dotyczących utrzymania basenu.
- Umów o świadczenie usług grzewczych i w zakresie klimatyzacji.
- Umów o utrzymanie terenów zielonych.
- Umów o konserwacji pralek samoobsługowych.
- Umów z telewizją kablową i umów o utrzymanie instalacji alarmowej.
- Umów o korzystaniu z miejsc parkingowych.
- Umów o świadczeniu usług reklamowych.

Inspekcja zewnętrznej części nieruchomości

Cel: ma ocenić wszystkie zewnętrzne elementy nieruchomości i ustalić, kiedy mogą wymagać naprawy lub wymiany.

Sprawdź dokładnie:

- Czy nie ma problemów z dachem, takich jak przecieki i ogólne uszkodzenia lub zniszczenia.
- Stan instalacji grzewczej, wentylacyjnej i klimatyzacyjnej oraz dokumenty świadczące o serwisowaniu i przeglądach urządzeń. Zorientuj się, jaka jest historia napraw i wiek każdego urządzenia.
- Instalację elektryczną – zdarza się, że jest niezgodna z obowiązującymi normami.
- Instalację kanalizacyjną – może być przestarzała, skorodowana lub może przeciekać. Zorientuj się, jaki to rodzaj kanalizacji – z każdym typem instalacji związane są innego rodzaju problemy.
- Stan elewacji – farba i tynki.
- Stan podjazdów i parkingów. Czy powierzchnia jest nierówna i zniszczona? Jakie naprawy są konieczne?
- Czy istnieją jakieś problemy dotyczące utrzymania terenów zielonych, takie jak awarie systemów nawadniających i zraszających, duże drzewa, które trzeba przyciąć, oraz korzenie drzew, które niszczą chodniki lub naruszają fundamenty budynków.

Celem tego procesu inspekcji jest wpisanie szacunkowego kosztu przy każdej pozycji na tej liście. Nie tylko ze względu na koszty, ale także po to, aby otrzymać wartość, którą możemy pokazać sprzedającemu i przedyskutować to z nim. A jeśli nieruchomość nie jest zgodna z normami przeciwpożarowymi? Jeżeli na jej terenie występują niebezpieczeństwa ekologiczne? A jeśli trzy mieszkania na osiem wymagają nowej wykładziny? W wielu wypadkach, jeżeli zwrócisz uwagę sprzedającego na te kwestie, mogą one zostać wyeliminowane jeszcze przed sfinalizowaniem transakcji. Oszczędzi Ci to pieniędzy – czasami nawet dużo.

Dokumenty i archiwa

Jak ważne jest, żebyś wiedział wszystko na temat stanu fizycznego nieruchomości, tak absolutnie niezbędna jest dokładna analiza tego, w jaki sposób była ona zarządzana. Co oznacza, że musisz przyjrzeć się dokumentom i archiwom z nią związanym. Jest to także czas, aby zacząć gromadzenie informacji potrzebnych do opracowania Twojego budżetu operacyjnego. Dobrze jest najpierw pogrupować przychody i koszty. Oto, co ja analizuję bardzo szczegółowo:

- **Zestawienie przychodów i kosztów z ostatnich 24 miesięcy**: porównuję te przychody i koszty z prognozami. To czas, żeby zacząć projektować budżet operacyjny oraz wyeliminować wszystkie nietypowe wydatki lub zadbać o to, by nie zdarzyły się dłuższe okresy braku czynszu. Przedyskutuj to ze sprzedawcą lub pośrednikiem, zanim czas przewidziany na należytą analizę stanu dobiegnie końca. Musisz bezwzględnie dotrzymać swoich terminów.
- **Wszystkie umowy o świadczenie usług**: szukam umów, których termin wygaśnięcia przekracza 30 dni. Sprawdzam, czy te koszty są uwzględnione w budżecie operacyjnym, czy dana usługa jest konieczna, a także czy jakichś usług brakuje. Oceniam pracę firmy aktualnie zarządzającej nieruchomością i podejmuję decyzję dotyczącą tego, czy dalej korzystać z jej usług, czy nie. Oceniam wszystkie umowy z firmami reklamowymi, biorąc pod uwagę skuteczność ich działań. Warto poświęcić trochę czasu i przyjrzeć się wszystkim tym umowom, ponieważ może się okazać, że będziesz nimi związany. O każdej umowie, której nie chcesz przejąć, musisz poinformować sprzedającego, zanim zakończysz należytą analizę stanu.
- **Aktualne zestawienie czynszów**: to w tym momencie co do grosza sprawdzam obecne przychody, przychody potencjalne i przychody potencjalne w przyszłości. Dokładnie przyjrzyj się wszystkim mieszkaniom, których czynsz ustalono poniżej cen rynkowych. To jest Twój złoty zajączek, który zwiększy Twój przepływ pieniężny po zakupie tej nieruchomości. Wynotuj wszystkie szczegóły, które mogą się przydać przy tworzeniu Twojego planu zarządzania i budżetu operacyjnego.
- **Rachunki za media**: to teraz weryfikuję wysokość opłat za media. Skontaktuj się z firmami użyteczności publicznej i poproś o historię opłat dla każdego mieszkania za ostatnie 12 miesięcy. Zapytaj, czy w kolejnym roku planowane są jakieś podwyżki. I w końcu uwzględnij te poprawione liczby w swoim budżecie.

- **Listę płac**: w przypadku większych nieruchomości analizuję też, kto w nich pracuje i ile zarabia, szczególnie jeżeli chcę, aby osoby te pracowały także dla mnie lub dla wybranej przeze mnie firmy zarządzającej. Przyjmując tych pracowników, traktuj ich jak nowo przyjętych. Dowiedz się, czy nie mają jakichś zaległych urlopów. Zawsze, zanim zatrudnimy jakieś nowe osoby, sprawdzamy również ich historię kredytową i niekaralność, a także przeprowadzamy testy na obecność narkotyków we krwi.

Czas przeprowadzania należytej analizy stanu to dla mnie ekscytujący okres. Na pewno to, co widzę, daje początek świetnym opowieściom, ale najważniejsze jest to, że wiem, iż cokolwiek odkryję, będzie udokumentowane i wykorzystane w kolejnej rundzie negocjacji ze sprzedającym. Raport z należytej analizy stanu jest świadectwem, które pozwala mi ocenić, jak trafnych szacunków dokonałem podczas pięcioetapowej wyceny nieruchomości. W wielu wypadkach problemy, które odkrywam podczas należytej analizy stanu, albo przyczyniają się do zmniejszenia ceny nieruchomości, albo – co jest jeszcze lepsze – zostają wyeliminowane przed zamknięciem transakcji.

Należyta analiza stanu to rodzaj informacji, które mogą Ci jedynie pomóc odnieść większy sukces z każdą nieruchomością, jaką kupujesz. Niedawno w trakcie takiego procesu odkryliśmy nową firmę zajmującą się utrzymaniem terenów zielonych. Otrzymałem rozliczaną co miesiąc umowę o świadczenie tych usług na terenie nieruchomości, której zakup rozważaliśmy. Tereny zielone wyglądały świetnie i byłem zaskoczony tym, że koszt tej usługi był znacznie niższy niż w przypadku innych moich nieruchomości. Właściwie to był niższy niż środki przewidziane w budżecie tego projektu! Tylko dzięki temu odkryciu jestem w stanie zaoszczędzić tysiące dolarów, ponieważ w tej chwili firma ta wykonuje większość prac związanych z utrzymaniem zieleni w tej i innych naszych nieruchomościach.

Bez względu na to, czy odkrywam ukryte skarby, o których nie wiedziałem wcześniej – jak ta świetna firma zajmująca się utrzymaniem terenów zielonych – lub ukryte wady, które gdyby nie zostały zauważone, z pewnością miałyby negatywny wpływ na przepływ pieniężny, jestem szczęśliwy. Szczęśliwy, bo okazje do uzyskania dodatkowego przychodu zawsze są świetne; szczęśliwy, bo wszelkie problemy odkryte zawczasu dają mi dodatkową możliwość negocjacji. Jedynie to, czego nie odkryję podczas należytej analizy stanu, napawa mnie strachem.

Gdy transakcja zostanie sfinalizowana, to Ty musisz poradzić sobie ze wszystkimi ukrytymi problemami. I może to być kosztowne. Wyobraź sobie na przykład, że nie sprawdziłeś instalacji ściekowej w nieruchomości i po potężnej ulewie okazuje się, że ścieki wyciekają do jednego bądź kilku Twoich mieszkań – przytrafiło się to jednemu z moich znajomych na Maui. A koszty oczyszczenia i usunięcia wszystkich szkód oraz naprawienia instalacji ściekowej były olbrzymie. Dlatego też, jak możesz się domyślić, jestem bardzo skrupulatny, gdy przeprowadzam należytą analizę stanu. I Ty też powinieneś.

Po przeczytaniu rozdziału dziewiątego

- Przeanalizuj listę kontrolną należytej analizy stanu i skopiuj ją, abyś mógł używać jej jako przewodnika podczas dokonywania przeglądu nieruchomości.
- Skorzystaj z pomocy członków swojego zespołu w przeprowadzaniu inspekcji – dzięki temu będziesz miał pewność, że dotrzymasz wszystkich terminów.
- Wypatruj złotych zajączków i pamiętaj o nich – okazje do poprawienia planu zarządzania będziesz dostrzegał, przyglądając się nieruchomości i analizując dokumenty z nią związane.
- Pogrupuj przychody i koszty w miarę ich odkrywania, co przyda Ci się przy tworzeniu budżetu operacyjnego.
- Nie martw się, gdy wykryjesz jakieś problemy. Pamiętaj, że jeżeli odkryjesz je podczas należytej analizy stanu, to koszt ich rozwiązania nie obciąży Twojej kieszeni.
- Bądź świadom tego, że jesteś zobowiązany do przestrzegania wszelkich terminów ustalonych w kontrakcie i nie zaniedbaj tego.

ROZDZIAŁ DZIESIĄTY

JAK TO WSZYSTKO ZROZUMIEĆ?

Gdy masz już wszystkie informacje, zastanów się, jak możesz je wszystkie dobrze zrozumieć i skąd masz wiedzieć, czego szukać. Możesz odnieść wrażenie, że działanie Twojego biznesu polega na analizowaniu, a nie na inwestowaniu w nieruchomości. I w pewnym momencie będziesz chciał zakończyć proces analizy i powiedzieć: „Forsa na stół".

Z tego rozdziału dowiesz się, jak zrozumieć wszystkie zgromadzone przez Ciebie dane oraz jak nadać im taką formę, dzięki której będziesz umiał dostrzec, gdzie znajdują się dochodowe okazje, a gdzie ich nie ma. Cały czas pamiętaj, że w tym momencie nadal jesteś na etapie należytej analizy stanu, jeżeli więc się okaże, że w przypadku danej nieruchomości nie ma żadnych możliwości zwiększenia przychodu, to wciąż masz czas, żeby renegocjować cenę zakupu lub całkowicie zrezygnować z transakcji, jeśli liczby mówią Ci, że na niej nie zarobisz.

W kolejnych podrozdziałach pokażę Ci, jak opracować plan zarządzania i jednocześnie budżet operacyjny dla danej nieruchomości. Te dwa dokumenty tak naprawdę są ze sobą ściśle związane. Plan zarządzania określi główne strategie, których użyjesz, aby zmniejszyć koszty albo zwiększyć przychód, lub jedno i drugie. Budżet operacyjny łączy liczby z tymi strategiami i pomaga ocenić wysiłki na rzecz wzrostu przychodów.

W tym momencie zadaję sobie pytanie, w jaki sposób będę zarządzał nieruchomością, gdy będzie już moja. Wolę poświęcić trochę czasu, zanim sfinalizuję daną transakcję, i opracować kilka scenariuszy, próbując przewidzieć, „co by było, gdyby...", niż na własnej skórze doświadczać pewnych rzeczy i poniewczasie żałować („szkoda, że..."): „Szkoda, że nie poświęciłem tej odrobiny czasu i nie opracowałem budżetu operacyjnego.

Szkoda, że nie zadałem sobie trudu i nie wynająłem zarządcy nieruchomości, aby ten pomógł mi ocenić koszty utrzymania". Oj, szkoda, że tego nie zrobiłem. Cel tego rozdziału jest prosty – sprawić, abyś nigdy nie musiał mówić „szkoda, że…".

Dlaczego masz robić to sam?

Jest to decydująca chwila. Powinieneś poprosić członków swojego zespołu o pomoc albo chociaż o to, by na podstawie zebranych danych ocenili nieruchomość. Ja zazwyczaj proszę o to mojego księgowego – specjalistę do spraw podatków, specjalistę do spraw zarządzania nieruchomościami, agenta ubezpieczeniowego, wykonawców i innych specjalistów, których opinii mogę potrzebować, aby dokonać wnikliwej oceny.

Nie tak dawno znajdowaliśmy się na etapie należytej analizy stanu nieruchomości znajdującej się w Tucson w stanie Arizona, która wymagała poważnego remontu. Nie było szans, bym samodzielnie oszacował koszt tego remontu, bo wykraczało to znacznie poza zakres mojej wiedzy. Dlatego wezwałem mojego wykonawcę, aby na miejscu dokonał inspekcji, i zapytałem go, jaki byłby koszt poprawienia stanu tej nieruchomości. Ustalone przy jego pomocy szacunkowe koszty w wysokości 700 tysięcy dolarów przedstawiliśmy sprzedającemu.

Niestety nieruchomość w Tucson w stanie Arizona była poważnie zaniedbana, a sprzedający – którym był bank – nie był zainteresowany wykonaniem niezbędnego remontu. Nie chciał także przyjąć naszej znacznie obniżonej ceny zakupu. Dlatego nie sfinalizowaliśmy tej transakcji i zajęliśmy się kolejną. Chociaż nie kupiliśmy tamtej nieruchomości, to graliśmy w otwarte karty, a to daje Ci siłę. Nie ma tu żadnych taktyk silnej ręki, jest tylko rzeczywistość. A znając tę rzeczywistość, nie zamierzałem kupić nieruchomości po mojej początkowej cenie kupna, wiedząc, że budynek wymaga remontu za 700 tysięcy dolarów.

Plan zarządzania nieruchomością – zwiększanie wartości

Miło byłoby, gdyby zrozumienie wyników przeprowadzonej przez Ciebie oceny nieruchomości było takie proste i polegało jedynie na stwierdzeniu, że nieruchomość wymaga remontu za 700 tysięcy dolarów, oraz powiedzeniu sprzedającemu: „Chcemy zmniejszyć kwotę naszej oferty o 700 tysięcy dolarów, czy pan to przyjmuje, czy nie?". Jednak to nie takie proste. W przypadku nieruchomości w Tucson traktowaliśmy te koszty remontu w wysokości 700 tysięcy dolarów jako fragment większej całości. I ta większa całość nosi nazwę planu zarządzania nieruchomością.

Osiągniesz swój finansowy cel znacznie szybciej, jeżeli uda Ci się znaleźć nieruchomość, która przynosi zyski mniejsze, niż by mogła, i poprawisz ten stan rzeczy dzięki dobremu zarządzaniu. Jak już prawdopodobnie wiesz, dobre zarządzanie oznacza zmniejszanie kosztów i zwiększanie przychodu. To w ten sposób wzrasta wartość Twojej inwestycji. Miejmy nadzieję, że podczas oceny i należytej analizy stanu znajdziesz konkretne sposoby zwiększenia przepływu pieniężnego generowanego przez nieruchomość. Zastanów się nad poniższymi kwestiami:

- Czy podczas inspekcji nieruchomości w pewnym momencie nie zapytałeś kogoś, gdzie znajduje się pralnia, i dowiedziałeś się, że jej nie ma?
- Czy wszedłeś do jednego z mieszkań i zobaczyłeś zapierający dech w piersiach widok gór, po czym później, analizując zestawienie czynszów, odkryłeś, że za to mieszkanie nie pobiera się wyższego czynszu?
- Czy podczas inspekcji nieruchomości zauważyłeś zaniedbany kort tenisowy i stwierdziłeś, że byłoby to idealne miejsce, w którym mogłoby stanąć kolejne sześć mieszkań pod wynajem lub kilka garaży?
- Czy myślałeś o tym, żeby zainwestować 20 tysięcy dolarów i zamontować bramy wjazdowe, które zwiększyłyby postrzeganą wartość nieruchomości i pozwoliłyby Ci podnieść czynsz za każde mieszkanie o 10-15 dolarów miesięcznie?

Czy rozumiesz, o co mi chodzi? To nieruchomość powinna pokazywać *Ci*, gdzie są pieniądze. Jeżeli nie widzisz możliwości zwiększenia przychodu prawie na każdym kroku, to nie patrzysz zbyt dobrze – albo może nie ma ich zbyt wiele. Jeżeli rzeczywiście możliwości nie ma zbyt wiele, to może powinieneś rozważyć zakup innej nieruchomości.

Członkowie Twojego zespołu powinni aktywnie uczestniczyć w Twojej misji, polegającej na znajdowaniu możliwości, które albo pozwolą wygenerować większy przychód, albo zmniejszyć wydatki. Zobaczą oni to, czego Ty nie dostrzegasz. Jeżeli myślisz, że w tym biznesie nie ma możliwości bycia kreatywnym, to się bardzo mylisz. O wiele przyjemniejsze jest dla mnie przyglądanie się nieruchomościom razem z moim zespołem i zwyczajne badanie możliwości. Pamiętaj, że w taki sposób zarabia się pieniądze – gdy Ty i Twój zespół widzicie to, czego inni nie dostrzegają, i przekształcacie to w kapitał.

W tym momencie Twoim zadaniem jest zapytanie „co by było, gdyby...". I z każdym takim pytaniem wstaw konkretne liczby do swojego budżetu i zobacz, jak wygląda ostateczny wynik. Oto kilka tego typu pytań, które powinieneś zadawać odnośnie do rozważanych przez Ciebie nieruchomości:

- Co by było, gdybym podniósł czynsz?
  - Czy przyczyniłoby się to do zwiększenia liczby niewynajętych mieszkań?
  - Jak szybko wynająłbym mieszkanie, gdyby ktoś się wyprowadził?
  - Czy mogę to przetestować na niewynajętych mieszkaniach, zanim podniosę czynsz obecnym lokatorom?
  - Jak wysoki jest czynsz na rynku w danej okolicy i czy moje czynsze są na podobnym poziomie?
- Co by było, gdybym musiał postarać się o nowych lokatorów?
  - Czy mam odpowiedni system gotowy do zastosowania w takiej sytuacji?
  - Czy prowadzę listę oczekujących, gdy wszystkie moje mieszkania są wynajęte?
  - Czy mam rozeznanie w wysokości współczynników niewynajętej powierzchni i ulgach występujących w okolicy – dzięki rozmowom z moim zespołem i regularnym analizom sytuacji konkurencji?
  - Czy ogłoszenie w gazecie jest warte swojej ceny i czy sprawia, że mój telefon nieprzerwanie dzwoni, i czy dzięki niemu zdobywam nowych lokatorów?
  - Jaki jest koszt reklamy w przeliczeniu na jedno mieszkanie?

- Co by było, gdybym chciał trzymać się ściśle postanowień umowy najmu?
  - Czy takie działanie wygeneruje większy przychód dzięki opłatom za zwłokę, opłatom za miejsca parkingowe, opłatom za zużycie wody i kanalizację?
  - Jeżeli tak postąpię, jakie będzie to miało konsekwencje finansowe?
  - Czy przyczyni się to do tego, że więcej moich mieszkań będzie niewynajętych?
- Co by było, gdybym pobierał wyższy czynsz za dogodne położenie, zainstalował bramy wjazdowe lub zbudował plac zabaw dla dzieci?
  - Czy lokatorzy za to zapłacą?
  - Czy mogę zapewnić lokatorom inne rzeczy, za które będą skłonni zapłacić?
  - Czy ta inwestycja zwróci się w ciągu 24 miesięcy?
- Co by było, gdybym wymienił jakąś rzecz, zamiast ją naprawiać?
  - O ile wyższe byłyby wpływy z czynszu?
- Co by było, gdybym utrzymanie terenów zielonych, utrzymanie budynku i bieżące naprawy zlecił innym firmom niż dotychczas?
  - Czy zaoszczędziłbym pieniądze?
- Co by było, gdybym wyłonił firmę ubezpieczeniową w przetargu?
  - Czy coś bym na tym zaoszczędził?
- Co by było, gdybym zainstalował energooszczędne oświetlenie?
  - Ile by ono kosztowało?
  - Ile oszczędziłbym na rachunkach za prąd?
  - Czy zwrot z inwestycji byłby wart poniesionych kosztów?
- Co by było, gdybym zatrudnił osobę odpowiedzialną za utrzymanie nieruchomości, która to zajmowałaby się drobnymi naprawami?
  - Z jakimi naprawami tego typu osoba ta sobie poradzi?
  - Jak często płacę innym firmom za wykonywanie drobnych napraw?
  - Czym mogę zajmować się sam, aby zaoszczędzić pieniądze: zarządzaniem nieruchomością, utrzymaniem terenów zielonych, księgowością, malowaniem mieszkań po wyprowadzeniu

się lokatora oraz sprzątnięciem przed wprowadzeniem się kolejnej osoby?
- Czy naprawdę znam moją nieruchomość na tyle dobrze, że w sytuacji, w której pojawi się jakiś nietypowy wydatek, rozpoznam go i będę mógł mu się dokładnie przyjrzeć?

Jak widzisz, istnieje wiele sposobów, żeby zwiększyć przychody i zmniejszyć koszty. Trzeba jedynie przyjrzeć się nieruchomości i dostrzec okazje, zrozumieć potrzeby lokatorów i być kreatywnym w wymyślaniu rozwiązań.

Przykład z życia

Mój wspólnik i ja niedawno kupiliśmy nieruchomość składającą się ze 182 mieszkań, położoną w Sun City w stanie Arizona, miasteczku, w którym mogą mieszkać jedynie ludzie w wieku 55 lat i starsi. Budynek został zbudowany w 1996 roku i był w świetnym stanie. Właściciel przebywał w Nowym Jorku i była to jedyna jego nieruchomość w Arizonie. Po przeanalizowaniu liczb doszliśmy do tego, że nieruchomość jest warta około 9 milionów dolarów – nasze szacunki oparliśmy na rzeczywistych liczbach z poprzednich 2 lat. Nieruchomość ta nie była wystawiona na sprzedaż.

Zgodziliśmy się ze sprzedającym na cenę 9 milionów dolarów i rozpoczęliśmy proces należytej analizy stanu. Skorygowaliśmy nasz budżet operacyjny dotyczący przyszłych wyników, jednocześnie opracowaliśmy plan zarządzania nieruchomością. Podczas naszej inspekcji odkryliśmy trzy główne obszary, w których nowy właściciel mógłby z powodzeniem wprowadzić pewne poprawki w zarządzaniu:

1. Transport: obecni lokatorzy chcieliby mieć jakiś lokalny transport.
2. Położenie mieszkań: starsi lokatorzy tej nieruchomości nie lubili wchodzić po schodach, więc mieszkania na wyższych piętrach zwykle były niewynajęte.
3. Telewizja kablowa i system alarmowy: właściciel nieruchomości podpisał długoterminowe umowy o utrzymanie instalacji alarmowej oraz z telewizją kablową.

Po przeprowadzeniu naszej analizy sytuacji najbliższej okolicy stwierdziliśmy, że byliśmy jedynym właścicielem nieruchomości, który nie zapewniał minibusa wożącego lokatorów po mieście, na spotkania i specjalne wydarzenia. Szybko się zorientowaliśmy, że konkurencja oferowała usługi transportowe i cieszyła się wyższym współczynnikiem wynajętej powierzchni, ponieważ minibus przyciągał starszych lokatorów, którzy nie chcieli już sami prowadzić. Postanowiliśmy wówczas przeznaczyć w naszym szacunkowym budżecie operacyjnym 54 tysiące dolarów i kupić 21-osobowy minibus. Jesteśmy właścicielami tej nieruchomości wystarczająco długo, żeby powiedzieć, iż ta inwestycja w minibus pozwoliła nam podnieść czynsze, zwiększyć współczynnik wynajętej powierzchni, przepływ pieniężny i ostatecznie wartość nieruchomości.

Drugi krok, który podjęliśmy w związku z naszym trzypunktowym planem, wiązał się z wysokością czynszu. Najwyraźniej nasi lokatorzy cenili mieszkania na parterze bardziej niż te na piętrze, więc odpowiednio zróżnicowaliśmy ich cenę, pobierając nieco wyższy czynsz za mieszkania położone niżej. Z upływem czasu mogliśmy zacząć wynajmować mieszkania na parterze za kwotę wyższą o 75 dolarów miesięcznie od czynszu za te położone na pierwszym piętrze. Zwiększyliśmy także czynsz za mieszkania, które miały wyjątkowo dobrą lokalizację lub niesamowite widoki. Wszystko to spowodowało, że uzyskaliśmy wzrost przepływu pieniężnego na poziomie 6 tysięcy dolarów miesięcznie, a wszystkie mieszkania na piętrze są cały czas wynajęte!

I ostatnia kwestia, dotycząca trzeciego punktu naszego planu: renegocjowaliśmy długoterminowe umowy o świadczenie usług telewizji kablowej oraz utrzymanie instalacji alarmowej. Według dotychczas obowiązujących umów usługi te kosztowały 21 dolarów na mieszkanie miesięcznie i konieczne było wniesienie tej opłaty za wszystkie 182 mieszkania – bez względu na to, czy były one wynajęte, czy nie. Dzięki nowym umowom uzyskaliśmy 3822 dolary oszczędności miesięcznie. A jeszcze lepsze jest to, że mieszkańcom spodobały się te nowe ustalenia, ponieważ w końcu mogli wybierać taki abonament telewizyjny, jaki sami chcieli, i nie byli już zmuszeni korzystać z tego wynegocjowanego 8 lat wcześniej przez nieobecnego właściciela. Tak samo było z usługą alarmową.

Wiem, że teraz myślisz sobie: „Kurczę, to musi być świetne. Cały ten dodatkowy dochód co miesiąc, który powstaje po prostu dzięki wprowadzaniu naszego planu w życie". I masz rację, to jest świetne, bez dwóch zdań. Jednakże korzyści wynikające z dobrego zarządzania nieruchomością są większe. Pamiętasz, wcześniej wspomniałem, że wartość nieruchomości wielomieszkaniowej pod wynajem zależy od jej wyników. I cóż, wynik tego zwiększonego zysku operacyjnego był taki, jak planowaliśmy: niedawny wzrost wartości nieruchomości do 11,3 miliona dolarów – to o ponad 2 miliony więcej, niż za nią zapłaciliśmy rok temu. To jest potęga planowania własnego sukcesu i korzystania z usług firmy zarządzającej nieruchomościami, która po pierwsze, potrafi znaleźć nowe sposoby zwiększenia zysku operacyjnego, oraz po drugie, ma wystarczająco duże doświadczenie, aby pomóc Ci wprowadzić je w życie. To z kolei zwiększa wartość nieruchomości i tym samym zysk inwestorów.

Nie da się już bardziej podkreślić znaczenia zapisania Twojego planu zarządzania nieruchomością na papierze i późniejszego jego realizowania. Nie jest to skomplikowany dokument. Nie ma potrzeby, żeby zajmował cały duży segregator. Jak widzisz, plan, który przyniósł nam tysiące dolarów zysku operacyjnego oraz miliony dzięki zwiększonej wartości nieruchomości, był prosty i składał się z trzech punktów.

Plan zarządzania nieruchomością stanowi po prostu Twój cel związany z daną nieruchomością. I tak jak wcześniej stwierdziłem, że musisz powiedzieć o swoim celu każdej osobie, jaką spotkasz i którą znasz, tak jest też w tym wypadku. Powinieneś przedstawić swój cel związany z daną nieruchomością swoim zarządcom, inwestorom i może w pierwszej kolejności sobie samemu.

W tym momencie mogę stwierdzić, że dobrze się spisaliśmy i znaleźliśmy wszystkie okazje i ukryte wydatki. Mamy kilka świetnych pomysłów, które możemy zawrzeć w naszym planie zarządzania. Ale wynikiem całej tej pracy są jak dotąd jedynie słowa na papierze. Musimy teraz przełożyć to wszystko na liczby. Tak więc weź głęboki oddech, zapomnij o wyniesionym ze szkoły strachu przed liczeniem – i do dzieła!

Budżet operacyjny

Brzmi to o wiele bardziej skomplikowanie niż jest w rzeczywistości. W rozdziale siódmym nauczyłem Cię, jak czytać prospekty informacyjne sprzedających i jak składać ofertę. Etapy tworzenia budżetu tylko nieznacznie się od tego różnią. Obliczasz przychód z nieruchomości, wykorzystując informacje z zestawienia finansowego, analizy czynszu, zestawienia czynszów oraz zestawień operacyjnych. Potem przyglądasz się kosztom zarówno rzeczywistym, jak i szacunkowym, które ustaliłeś podczas procesu należytej analizy stanu.

Spójrzmy najpierw na przychód i rozważmy nasze pojęcia w nowym świetle.

Przychody potencjalne

Głównym źródłem przychodu w większości nieruchomości jest zwykle czynsz, który płacą obecni lokatorzy. To jest przychód potencjalny z danej nieruchomości. Z tego powodu lepiej, żeby dane na temat wysokości czynszu były tak dokładne, jak to tylko możliwe, zgromadzone na podstawie dostępnych Ci informacji. Najprostszym sposobem jest zdobycie istniejącego zestawienia lub harmonogramu czynszów, gdyż pokazują wysokość czynszu, który płaci każdy lokator; później wystarczy wypisać te wartości w słupku i zsumować. Innym sposobem jest analiza umowy najmu każdego wynajmowanego mieszkania w nieruchomości i spisanie kwot czynszu, jaki płaci każdy lokator, oraz oznaczenie wszystkich niewynajętych mieszkań. I tak warto to zrobić, aby się upewnić, że wszyscy lokatorzy mają ważne umowy najmu.

Gdy zakończysz tę analizę, otrzymasz tabelę, która powinna przypominać tę na następnej stronie.

Z informacji zgromadzonych w tym zestawieniu czynszów wynika, że potencjalny przychód liczony *włącznie z mieszkaniem niewynajętym* wynosi 3492 dolary miesięcznie. Wykorzystaj tę wartość jako przychód potencjalny w swoim budżecie.

Numer mieszkania	*Rodzaj mieszkania*	*Pow. (w m²)*	*Miesięczny czynsz (w dol.)*	*Lokator*
1	M-3	60,39	410	Kiyosaki
2	M-3	60,39	410	Hopkins
3	M-3	60,39	410	Beckel
4	M-3	**60,39**	**430**	**NIEWYNAJĘTE**
5	M-3	60,39	425	McCallister
6	M-3	60,39	420	Flanagan
7	M-4	69,68	490	Lechter
8	M-4	69,68	470	Stullick
Razem		**501,70**	**3492**	

Inne możliwości uzyskania przychodu

Większość nieruchomości stwarza również inne możliwości wygenerowania przychodu. Także i one powinny być uwzględnione w Twoim budżecie. Przykładem innych najczęściej spotykanych możliwości uzyskania przychodu, które możesz uwzględnić w budżecie, są:

- prowadzenie pralni,
- miejsca parkingowe,
- opłaty za zużycie wody oraz kanalizację,
- opłaty za zwłokę,
- usługi telewizji kablowej,
- dostęp do Internetu,
- usługi telefoniczne.

Z zestawień operacyjnych oraz karty należności lokatora powinieneś się dowiedzieć, jakie inne rodzaje przychodu istnieją na terenie danej nieruchomości. Przecież ktoś musi wpłacać te pieniądze na konto bankowe, więc gdzieś pozostaje po tym ślad na papierze.

Czasami trudno jest uzyskać te informacje od sprzedającego. Nie każdy dobrze sobie radzi z prowadzeniem ksiąg rachunkowych. Jeśli taka sytuacja zdarzyła się w przypadku nieruchomości, którą kupujesz, to będziesz musiał odtworzyć te dane z dostępnych Ci informacji. Na przykład, jeżeli na terenie budynku znajduje się pralnia z samoobsługowymi automatami pralniczymi i suszarkami na monety i nie widzisz przychodu z pralni w zestawieniu przychodów i kosztów sprzedającego, to będziesz musiał udać się bezpośrednio do firmy, która obsługuje te maszyny i wyjmuje monety, aby się dowiedzieć, jakiego miesięcznego przychodu powinieneś się spodziewać.

Znalezienie innych źródeł przychodu może zająć trochę czasu. Kim Kiyosaki niedawno powiedziała mi, że kupuje nieruchomość od sprzedającego, którego księgi rachunkowe wykazują, że przez ponad 4 lata firma zajmująca się obsługą pralni nie zapłaciła mu ani grosza. Urządzenia działały. Ludzie z nich korzystali. Mogę się założyć, że ten szczegół został wykryty podczas należytej analizy stanu i realna wartość przychodu została uwzględniona w budżecie operacyjnym, zanim Kim kupiła tę nieruchomość.

Jest to proces odkrywania i zapisywania w arkuszu kalkulacyjnym możliwości wygenerowania przychodu. Każda taka możliwość powinna znajdować się w oddzielnym wierszu. Gdy już wyczerpałeś wszystkie istniejące możliwości, wpisujesz wszelkie nowe źródła dochodu, które możesz wykorzystać, gdy przejmiesz daną nieruchomość. Kiedy uporasz się z przychodem, robisz dokładnie to, co zrobiliśmy wcześniej, podczas wyceny nieruchomości – przechodzisz do kosztów.

Koszty

Jak każdą możliwość uzyskania przychodu z Twojej nieruchomości zapisałeś w oddzielnej linii, tak i każdy koszt umieść w nowej linii swojego arkusza. W kolejnych podrozdziałach wymienię i opiszę większość z najbardziej typowych kosztów, z którymi się spotkasz w swojej nowej nieruchomości.

Lista płac

Koszty te obejmują pensje i pobory, które wypłacasz sobie lub swoim pracownikom. Typowy personel zarządzający, w zależności od wielkości nieruchomości, może składać się z kilku osób. W pierwszej kolejności są to miejscowi zarządcy i pośrednicy nieruchomości. Dalej możemy wymienić personel sprzątający, który pomaga Ci podczas zmiany lokatorów i zajmuje się utrzymaniem powierzchni wspólnych. Trzeba też pamiętać o osobach odpowiedzialnych za konserwację, które dokonują drobnych napraw w budynku i na przylegającym do niego terenie. W tym momencie specjalista do spraw zarządzania nieruchomościami w Twoim zespole może Ci powiedzieć, jakich czynności związanych z zarządzaniem i utrzymaniem możesz oczekiwać oraz jakie koszty poniesiesz. Poza wynagrodzeniem dla siebie i swojego personelu, jeżeli taki zatrudniasz, powinieneś jeszcze wliczyć podatki, ubezpieczenie pracownicze, ubezpieczenie zdrowotne, a nawet składkę emerytalną.

Koszty administracyjne

Do kosztów administracyjnych należą honoraria, które płacisz za usługi profesjonalistów, takich jak na przykład prawnik, który pomaga Ci wchodzić w spółki czy przeprowadzać eksmisje. Księgowy doradzi Ci, jak zarządzać należnościami i zobowiązaniami, a także pomoże Ci się odnaleźć w przepisach podatkowych i zajmie się przygotowywaniem deklaracji. Jeżeli planujesz samodzielne zarządzanie nieruchomością, usługi księgowego mogą być przydatne. Poza tymi kosztami usług profesjonalistów wszystkie codzienne czynności i wydatki związane z prowadzeniem nieruchomości – od samoprzylepnych karteczek Post-it i znaczków pocztowych po sprawdzanie niekaralności i historii kredytowej – zalicza się do kosztów administracyjnych.

Koszty marketingu i reklamy

Możesz poprosić właściciela nieruchomości, żeby pokazał Ci zestawienie kosztów reklamy poniesionych w roku poprzednim – dzięki temu możesz uzyskać przydatne informacje. Ale jeszcze lepiej będzie, jeżeli poprosisz przedstawiciela firmy zarządzającej, aby podał Ci szacunkowy koszt reklamy danej nieruchomości. Osoba ta będzie znała wszystkie sposoby wykorzystywania reklamy stosowane na Twoim rynku, jej szacunkowe koszty, będzie także orientowała się co do występującej na tym rynku konkurencji. Ty też powinieneś je znać, ale firma zarządzająca zamieni te abstrakcyjne liczby w faktyczne koszty reklamy. Im więcej masz konkurentów na rynku, tym bardziej musisz reklamować swoją nieruchomość, żeby została zauważona. A to wymaga większego nakładu pieniędzy.

Koszty zarządzania

Do kosztów zarządzania zalicza się honoraria, które płacisz profesjonalnej firmie zarządzającej, lub pensje, które wypłacasz sobie albo swoim pracownikom. Także i w tym wypadku podczas spotkania z przedstawicielem firmy zarządzającej nieruchomościami możesz się dowiedzieć, jak wysokie będą honoraria za zarządzanie, jakich kosztów utrzymania możesz się spodziewać oraz jakiego typu one będą.

Koszty napraw i utrzymania

Koszty napraw i utrzymania będą różne w zależności od rotacji lokatorów oraz od liczby wyprowadzeń i wprowadzeń w danym roku. Inne czynniki, które mają wpływ na koszty konserwacji, to charakterystyka lokatorów, stan nieruchomości, a także wrażliwość zarządcy na wnioski lokatorów dotyczące napraw. Jeżeli utrzymujesz swoją nieruchomość w jak najlepszym stanie, to na dłuższą metę wydasz mniej na usługi, takie jak czyszczenie wykładzin, malowanie wnętrz, naprawy instalacji elektrycznej i wodno-kanalizacyjnej, naprawy urządzeń czy naprawy i serwisowanie instalacji grzewczej i klimatyzacyjnej. Utrzymanie terenów zielonych, basenu i jego wyposażenia oraz zwalczanie szkodników również należą do tej kategorii.

Podatek katastralny

Istnieją dwa rodzaje podatków katastralnych: podatek od nieruchomości, czyli od budynków i gruntów, oraz podatek majątkowy, czyli od tego, co się w nieruchomości znajduje, na przykład lodówki, kuchenki, zmywarki i inne urządzenia. Masz dwie możliwości zdobycia informacji o tych kwotach. Po pierwsze, są one zwykle podane w zestawieniach finansowych, które otrzymujesz od właściciela, lub możesz je uzyskać w wydziale podatków i opłat lokalowych w urzędzie lokalnej administracji. Musisz jednak wiedzieć, że podatki zwykle wzrastają po tym, jak kupisz nieruchomość, ponieważ rzeczoznawcy wykorzystują nową cenę zakupu jako nową szacunkową wartość nieruchomości. Oto kolejny powód, z którego lepiej nie przepłacać przy kupnie nieruchomości! Gdy więc w swojej analizie uwzględniasz koszty podatku katastralnego, to powinieneś je nieco zawyżyć. Doradca podatkowy w Twoim zespole może Ci podpowiedzieć, o ile powinieneś zwiększyć te koszty.

Koszty ubezpieczenia

Jest to ważna pozycja na liście kosztów i ma ona decydujące znaczenie. Dlaczego? Po pierwsze, ubezpieczenie jest kosztowne, a po drugie, ponieważ bank zwykle wymaga, abyś wykupił ubezpieczenie, zanim otrzymasz kredyt. Tę wartość łatwo jest uzyskać. Po prostu skontaktuj się z kilkoma agentami ubezpieczeniowymi i poproś ich o przedstawienie szacunkowej wysokości kosztów ubezpieczenia. Będziesz potrzebował między innymi ubezpieczenia nieruchomości, ubezpieczenia od następstw nieszczęśliwych wypadków i od odpowiedzialności cywilnej. Koszty będą różne w zależności od wysokości udziału własnego. My określamy nasz udział własny na podstawie sytuacji danej nieruchomości. Z reguły jest lepiej, gdy jesteś ubezpieczony na wypadek poważnych w skutkach zdarzeń. Nie opłaca Ci się natomiast płacić wysokich składek na ubezpieczenie od drobiazgów, których naprawę możesz pokryć z własnej kieszeni. Porozmawiaj ze swoim agentem ubezpieczeniowym na temat właściwego ubezpieczenia swojej nieruchomości oraz o niebezpieczeństwach, jakie wiążą się ze zbyt wysokim udziałem własnym.

Koszty mediów

Określ, jakie rodzaje mediów występują w budynku. Mogą to być: prąd, gaz, wywóz śmieci, woda, telewizja kablowa oraz telefon. Sprawdź, czy najemcy poszczególnych mieszkań płacą za nie indywidualnie, a więc, czy w każdym mieszkaniu zamontowany jest oddzielny licznik lub może w nieruchomości zainstalowany jest jeden licznik główny. Pierwsza sytuacja – czyli oddzielne liczniki – jest lepsza, ponieważ każdy lokator płaci za siebie. W przypadku budynku, w którym każde mieszkanie ma oddzielny licznik, będziesz ponosił mniejsze koszty, bo każdy lokator będzie płacił za wykorzystane przez siebie media. W budynkach z licznikiem głównym nic nie motywuje mieszkańców, żeby dbali o to, aby opłaty za media były niskie.

Właśnie z tego powodu trzymam się z dala od budynków z licznikiem głównym. Poproś właściciela, aby przedstawił Ci zestawienia finansowe nieruchomości – powinny one zawierać te dane. Choć i w tej sytuacji zawsze je sprawdzam. Aby to zrobić, wystarczy, że będziesz miał adres budynku, a przedsiębiorstwa użyteczności publicznej dostarczą Ci rachunki za poprzedni rok. Jeżeli ich pracownicy nie będą chcieli ujawnić tych informacji, skontaktuj się ze sprzedającym i poproś go, aby upoważnił Ciebie do ich otrzymania. Upewnij się, że masz wszystkie rachunki. Czasami zdarzają się okresowe różnice, zwłaszcza w opłatach za ogrzewanie i klimatyzację. Nie chcemy żadnych niespodzianek!

Remont kapitalny

Są to poważne remonty, niezbędne do utrzymania lub przywrócenia nieruchomości do dobrego stanu. Często budynki wymagające częściowego remontu stanowią najlepsze okazje, powinieneś jednak realistycznie ocenić koszty, jakie będziesz musiał ponieść, aby doprowadzić nieruchomość do takiego stanu, w którym będzie się nadawała do zamieszkania, oraz aby poprawić jej wygląd. Mówię tutaj o naprawie dachu, parkingu, chodników, podjazdów, oświetlenia, o zakupie wykładzin, wyposażenia, podgrzewaczy wody, klimatyzatorów i tym podobnych. Zwracasz uwagę na to wszystko, gdy kupujesz dom dla siebie – z tym że teraz skala problemów, z którymi będziesz musiał się zmierzyć jest dużo większa.

Gdy w swoim budżecie operacyjnym uwzględnisz już wszystkie koszty, podlicz przychód oraz koszty. Odejmij koszty od przychodu – w ten sposób będziesz mógł się zorientować, jaki będzie Twój przepływ pieniężny i zysk operacyjny. Jeśli jest naprawdę wysoki, to raz jeszcze sprawdź, czy Twoje obliczenia są poprawne. A jeżeli jest ujemny, to się nie zniechęcaj. To dobry moment na twórczą księgowość. Jednak nie na taką, z powodu której wylądujesz w więzieniu za przestępstwa podatkowe, ale na taką, która skłoni Cię do ponownego przyjrzenia się Twojemu modelowi biznesu.

Gdy budżet będzie już gotowy, porównaj go z rzeczywistym przychodem operacyjnym oraz z kosztami związanymi z Twoją nieruchomością i wypatruj wszelkich rażących błędów i przeoczeń. Jeżeli spróbowałeś wszystkich sposobów prowadzących do tego, aby ostateczny wynik był liczbą dodatnią lub – powiedzmy sobie szczerze – liczbą, która Ci się spodoba, a transakcja nadal nie ma sensu, to może powinieneś skonsultować się z ludźmi ze swojego zespołu. Jeśli ich pomysły się wyczerpały lub ich sugestie są nierealne, to może będziesz musiał jeszcze bardziej obniżyć swoją oferowaną cenę lub po prostu zrezygnować z transakcji, ponieważ nie jesteś w stanie uzyskać dodatniego przepływu pieniężnego lub przepływu, który będzie Cię zadowalał. Sfinalizowanie takiej transakcji, a następnie modlenie się o cud to ostatnia rzecz, do jakiej bym Cię namawiał. To tak nie działa. Los uśmiecha się do ludzi, którzy dobrze się przygotowują do tego, co robią, i dzięki temu dostrzegają okazje.

Czas na konfrontację

Nie musi to być wcale trudne, jednak w końcu będziesz musiał pokazać sprzedającemu wyniki swojej analizy nieruchomości. I musisz zrobić to przed zakończeniem należytej analizy stanu, bo w przeciwnym razie nieruchomość stanie się Twoją własnością w takim stanie, w jakim jest.

Wszystko zależy od sposobu przedstawienia faktów. Możesz po prostu pokazać sprzedającemu to, co odkryłeś, zaprzeć się i powiedzieć: „Albo przyjmuje pan moje warunki, albo nie". O wiele lepiej jednak będzie, jeżeli przyjmiesz taktowną i rzeczową postawę, która nie będzie odebrana jako atak na samą nieruchomość ani na ego sprzedającego. Ma to być dyskusja dotycząca liczb, a nie uczciwości i etyki sprzedającego lub kupującego. Niech to będzie rzeczowa rozmowa o konkretach, w której gra się w otwarte karty, bez żadnych podtekstów.

Czasami, to prawda, można się spotkać z bezpardonowymi próbami ukrycia faktów przez sprzedającego. Jednak najczęściej, jak to zdarzyło się w przypadku naszego projektu w Portland, sprzedający nie ma pojęcia, ile pieniędzy potrzeba na przykład na naprawy i utrzymanie. To Ty przynosisz tę wiadomość, zatem w Twoim najlepszym interesie jest, żebyś zrobił to profesjonalnie, zgodnie z prawdą i poparł to stosownymi dokumentami.

Proces przygotowywania planu zarządzania nieruchomością oraz Twój profesjonalizm mogą pozwolić Ci uniknąć szybkiego wyrzucenia za drzwi i – co najlepsze – pomogą Ci przeprowadzić ostateczne negocjacje dotyczące danej nieruchomości, które będą korzystne dla obydwu stron. Przecież nie powinieneś starać się osiągnąć jedynie jednostronnych korzyści. Nigdy nie powinieneś palić za sobą mostów w tym biznesie. Twój dzisiejszy sprzedający może być jutro Twoim kupującym, może się nawet zdarzyć, że to dzięki niemu przeprowadzisz kolejną transakcję. Wielokrotnie działo się tak, że sprzedający z jednej z moich transakcji stawał się inwestorem w drugiej albo sprzedał mi kolejny budynek. Nigdy nie zapominam, że jest to biznes polegający na relacjach. Oto krótka lista rzeczy, które odkryłem podczas analizy nieruchomości i o których musiałem powiedzieć sprzedającym (Ty możesz znaleźć się w takiej samej sytuacji):

- Niezamieszkany lokal w zestawieniu czynszów podany jako wynajęty.
- Wypowiedzenia umowy najmu lub zatajone informacje o przyszłych wyprowadzkach.
- Lokatorzy o wysokim ryzyku niewypłacalności, których w przyszłości trzeba będzie wyeksmitować.
- Brak niektórych elementów wyposażenia, za które ktoś będzie musiał zapłacić.
- Wysokie koszty remontu potrzebnego do przygotowania mieszkań do wynajęcia.
- Konieczność przeprowadzenia dezynfekcji, dezynsekcji i deratyzacji.
- Umowy o świadczenie usług, których nie można zerwać, a które zwiększają koszty w Twoim budżecie operacyjnym i negatywnie wpływają na Twój przepływ pieniężny.
- Koszty mediów znacznie wyższe niż w roku poprzednim.
- Szkody w nieruchomościach pokryte z ubezpieczenia, co może wpłynąć na wzrost stawek ubezpieczeniowych w przyszłości.
- Podatek od nieruchomości wyższy niż podany przez sprzedającego.
- Zawiadomienia z urzędu lokalnej administracji o niezgodnościach z normami.
- Naruszenia przepisów pożarowych.
- Naruszenia przepisów ochrony środowiska.

Kolejny krok

Budżet operacyjny jest ostatnią dużą próbą opłacalności nieruchomości. Jeżeli zawarte w nim obliczenia dla pierwszego roku wyglądają nieźle i przewidujesz, że zarobisz wystarczająco dużo pieniędzy, aby osiągnąć swój cel, to jesteś gotowy, żeby zrobić kolejny krok i stać się właścicielem tej nieruchomości. Pamiętaj, że prawdopodobnie skorygujesz nieco oferowaną cenę, aby uwzględnić wszelkie konieczne naprawy, koszty utrzymania, remonty lub inne wydatki, o których przekonałeś się po przeprowadzeniu należytej analizy stanu. Przedstaw swoje wyliczenia i swoje uzasadnienie sprzedającemu i sfinalizuj transakcję.

Dużo czasu upłynęło od pierwszej analizy rynku, wyszukiwania nieruchomości, jej wyboru, oceny aż do stworzenia budżetu operacyjnego. Wkrótce będziesz dumnym właścicielem inwestycyjnej nieruchomości pod wynajem. Teraz zaczynają się emocje związane z posiadaniem nieruchomości. Nadszedł czas, żeby wprowadzić w życie Twój plan poprawy jej stanu i zmaksymalizowania generowanego przez nią przepływu pieniężnego. Tym zajmiemy się w następnym rozdziale.

Po przeczytaniu rozdziału dziesiątego

- Odwiedź stronę internetową www.mccompanies.com i pobierz plan kont i przykładowy budżet.
- Sporządź listy przewidywanych kosztów i źródeł przychodu; będziesz ich potrzebował do opracowania Twojego budżetu.
- Uwzględnij szacunkową wysokość każdego przewidywanego kosztu przy każdym źródle przychodu.
- Zsumuj to wszystko i przeprowadź podobne obliczenia, uwzględniając kilka scenariuszy typu „co by było, gdyby…”:
  - większe/mniejsze koszty,
  - większy/mniejszy przychód.
- Określ wysokość kosztów i przychodów, które zmaksymalizują przepływ pieniężny.
- Niech one stanowią podstawy Twojego planu zarządzania nieruchomością.

ROZDZIAŁ JEDENASTY

NIERUCHOMOŚĆ JEST TWOJA... I CO TERAZ?

Gratulacje! Jesteś dumnym właścicielem nieruchomości inwestycyjnej. Gdy będziesz już miał za sobą toasty i rozmowy telefoniczne z żoną, mamą i tatą, w których poinformujesz, że transakcja doszła do skutku, usiądziesz na spokojnie i mniej więcej po 5 minutach prawdopodobnie pomyślisz: „I co teraz?". Nie będzie tak, jeżeli masz plan – a ten oczywiście masz.

Zapewne zdumiewa Cię fakt, że jak dotąd nie kupiłem żadnej nieruchomości, nie przeszedłszy przez proces opisany w poprzednich rozdziałach. Jakoś nigdy nie miałem zamiaru podejmować ryzyka związanego z poleganiem jedynie na intuicji. I z pewnością robię co w mojej mocy, żeby nie przywiązywać się emocjonalnie do żadnej nieruchomości. Tak naprawdę przystępuję do każdej transakcji kupna nieruchomości, zakładając, że jej nie sfinalizuję. Może to brzmi pesymistycznie, a każdy, kto mnie zna, wie, że jestem nieuleczalnym optymistą. Skąd więc to negatywne nastawienie?

Tak naprawdę bardziej postrzegam to nastawienie jako realistyczne niż jako negatywne. Nikt nie lubi pracować ciężej, niż jest to konieczne, łącznie ze mną. I wiem z własnego doświadczenia i z historii setek ludzi, którzy na Seminariach Rich Dad opowiedzieli mi o swoich zmaganiach, że żadna naprawa, żaden remont ani żadna strategia reklamowa nie naprawią nieruchomości, za którą po prostu zapłaciłeś zbyt dużo. Nawet lepsze zarządzanie nie załatwi sprawy.

Chcę, abyś zdał sobie sprawę z tego, że bez względu na liczbę dokonywanych przeze mnie transakcji cały czas w ten sam sposób wyceniam nieruchomość, w ten sam sposób zawieram umowę ze sprzedającym, w ten sam sposób przeprowadzam należytą analizę stanu i – co jest prawdopodobnie najważniejsze – w ten sam sposób nią zarządzam. Nie idę na skróty i, odpukać, nie trafiłem jeszcze na żadną nieruchomość, która nie osiągała dobrych wyników. Niektórzy mogą spojrzeć na to, co robię, i powiedzieć: „Ten facet musi kochać ryzyko". Ale prawdę mówiąc nie uważam, że to, co robię, jest choć trochę ryzykowne. Dobre przygotowywanie się pomaga tworzyć pewniaki lub nieruchomości na tyle pewne, na ile to możliwe. Postępowanie takie nieraz mi się opłaciło.

Już na pewno wiesz, że nie zdaję się na łaskę losu i nigdy nie kupię budynku wielomieszkaniowego bez solidnego planu określającego, w jaki sposób zwiększę przychód i zmniejszę koszty, aby zmaksymalizować mój przepływ pieniężny. Praca, którą do tej pory wykonałeś, powinna sprawić, że Twój plan będzie zawierał konkretne pomysły na zarządzanie Twoim budynkiem. To świetnie. Teraz nadszedł czas na wprowadzenie tych pomysłów w życie. To nie są ćwiczenia. Powtarzam. To nie są ćwiczenia.

Realizacja

Realizacja planu. Te słowa staną się w tym rozdziale naszą mantrą, ponieważ na kolejnych stronach pokażę Ci proces zarządzania nieruchomością. Zanim pomyślisz, że będziemy mówili o czyszczeniu wykładzin i przycinaniu drzew, pozwól, że wyjaśnię, iż zarządzanie nieruchomością oznacza realizację Twojego planu zarządzania nieruchomością i zmieszczenie się w opracowanym wcześniej budżecie operacyjnym. Zarządzanie nieruchomością polega na maksymalizacji Twojego przepływu pieniężnego.

W tym momencie już prawdopodobnie zdecydowałeś, czy będziesz zarządzał tą nieruchomością sam, czy zlecisz to profesjonalnej firmie. Znam wiele osób z każdej grupy i wszystkie mówią to samo: Twoja decyzja zależy od tego, w jaki sposób chcesz spędzać swój czas. Znam jednego właściciela nieruchomości, który odnosi niesamowite sukcesy. Ma domki letniskowe w kilku najpiękniejszych miejscach na ziemi. On jest właścicielem budynków wielomieszkaniowych, my nimi zarządzamy, ale on sam zajmuje się ich malowaniem. Na pewno pomaga mu to zaoszczędzić masę pieniędzy, jednak tu chodzi o coś więcej. Myślę, że on tak naprawdę bardzo lubi być w pewnym sensie zaangażowany w zarządzanie.

Opis stanowiska: zarządca nieruchomości

Bez względu na to, czy postanowisz zatrudnić zewnętrzną firmę zarządzającą nieruchomościami, czy będziesz zajmował się tym sam, powinieneś dokładnie wiedzieć, jaką posadę właśnie stworzyłeś dla siebie lub czego oczekujesz od zaangażowanej przez siebie firmy. Zatem niech ten rozdział będzie zbiorem wskazówek dotyczących tego, czego masz oczekiwać od tej firmy lub czego powinieneś wymagać od siebie jako zarządcy własnej nieruchomości.

Kluczem do dobrego zarządzania nieruchomością i bycia dobrym zarządcą są systemy. Systemy radzenia sobie z reklamą i marketingiem, wynajmem, sprawami pracowniczymi, zatrudnianiem zewnętrznych dostawców usług, sporządzaniem raportów, z nagłymi wypadkami, zgłoszeniami usterek, pobieraniem czynszu, księgowością, przygotowywaniem budżetów operacyjnych, z procedurami prawnymi i wszystkim, co jest niezbędne do funkcjonowania nieruchomości pod wynajem. Zarządca nieruchomości musi nie tylko mieć te systemy opracowane, ale musi się także ich trzymać.

Zadania zarządcy nieruchomości można podzielić na kilka wymienionych poniżej kategorii.

Codzienne rozwiązywanie problemów

Funkcja zarządcy nieruchomości związana jest przede wszystkim z wprowadzaniem w życie Twojego planu zarządzania nieruchomością i po drugie – z rozwiązywaniem problemów. Właśnie to są najważniejsze zadania mojej firmy zarządzającej nieruchomościami. Moi pracownicy i ja zajmujemy się w sumie tysiącami mieszkań i chociaż funkcja, którą pełnimy, nosi nazwę: zarządca nieruchomości, to tak naprawdę jesteśmy osobami rozwiązującymi problemy. Jest tak, ponieważ w rzeczywistości w tym biznesie o wiele mniej się zarządza, natomiast częściej rozwiązuje się problemy, zwłaszcza na początku, tuż po przejęciu nieruchomości.

Rozwiązywanie problemów z personelem

W gestii zarządców nieruchomości leży także rozwiązywanie wszystkich problemów z personelem. Jeżeli potrzebujesz pośrednika zajmującego się wynajmem mieszkań, który działałby na terenie Twojego budynku, to firma zarządzająca zapewni wyszkolonych i wykwalifikowanych profesjonalistów, którzy się tym zajmą. Jeżeli zarządzasz nieruchomością sam, to albo sam będziesz dbał o te sprawy, albo zatrudnisz kogoś do tego. Oznacza to, że będziesz odpowiedzialny za przeszkolenie oraz wyposażenie tej osoby w wiedzę, umiejętności i materiały, które będą jej potrzebne do sprawnej pracy. Szkolenie takie może obejmować obsługę klienta, sprzedaż, politykę ochrony lokatorów i inne podobne zagadnienia.

Będziesz też potrzebował osoby, która będzie wykonywała drobne naprawy. I w tym wypadku możesz to być Ty lub ktoś zatrudniony przez Ciebie. Jeżeli podpisałeś umowę z firmą zajmującą się zarządzaniem nieruchomościami, to będzie ona zwykle świadczyć i tę usługę. Jeśli zarządzasz nieruchomością sam, poszukaj kogoś, kto ma dosyć czasu i kto będzie mógł przyjechać na każde Twoje wezwanie. Ostatnią rzeczą, jakiej potrzebujesz, jest sytuacja, w której u lokatora pękła rura lub zapchała się toaleta, a Ty czekasz na wykonanie usługi. Szkodzi to zarówno Twojej nieruchomości, jak i reputacji. Rozzłoszczony lokator się wyprowadzi i zostawi Cię z niewynajętym, nieprzynoszącym przychodu mieszkaniem, a w dodatku będziesz musiał ponieść dodatkowe koszty, aby przywrócić lokal do takiego stanu, żeby ponownie można było go wynająć.

Wynajmowanie nieruchomości

Zadaniem zarządcy nieruchomości jest takie jej rozreklamowanie, aby cały czas była w jak największej części wynajęta. Oznacza to, że osoba taka musi znać skuteczne sposoby reklamy oraz przygotowywać akcje promocyjne i informacyjne, które przyciągną lokatorów. Mogą to być ogłoszenia, wywieszki, może to być podpisanie umów z miejscowym pośrednikiem nieruchomości lub wdrożenie programu polecającego. Istnieje nieskończona liczba sposobów znajdowania potencjalnych lokatorów. Profesjonalne firmy zarządzające nieruchomościami wiedzą, które z nich się sprawdzają, a które nie. Także i to zadanie możesz wykonywać się sam.

Jednak musisz zdawać sobie sprawę, że pozyskiwanie lokatorów nie jest jedynym celem. Powinni to być w dodatku odpowiedni lokatorzy. Tak więc z zasady nigdy nie wynajmuję mieszkania nikomu, kto nie przeszedł przez sprawdzenie niekaralności i historii kredytowej. W przypadku każdego budynku wielomieszkaniowego, którym zarządzamy, każdy potencjalny lokator jest w ten sposób sprawdzany. Żaden przepis czy ustawa o równouprawnieniu na rynku mieszkaniowym nie nakłada na nas obowiązku wynajmowania mieszkań przestępcom czy gwałcicielom. I nie czuję żadnego moralnego obowiązku brania pod swój dach tych, którzy chcą „zacząć wszystko od nowa". Czuję natomiast moralną odpowiedzialność za to, by zapewnić naszym lokatorom możliwie najbezpieczniejsze środowisko do życia.

Tragedia z 11 września jeszcze bardziej utwierdziła mnie w przekonaniu o słuszności kontroli tego typu. Gdy tożsamość terrorystów stojących za tymi atakami, a także tych, którzy brali udział w zabójstwach, została ujawniona, kilka stacji informacyjnych doniosło, gdzie mieszkali, i przeprowadziło wywiady z ich sąsiadami. Prawie wszyscy spośród nich wynajmowali mieszkania, wielu z nich posługiwało się fałszywymi numerami PESEL, a kilku miało nawet przeszłość kryminalną. Fakt, że ktoś nie zadbał o skontrolowanie tych ludzi, doprowadził do tragedii na skalę światową. Sprawdzam w ten sposób każdego potencjalnego lokatora i informuję go o tym na samym początku. Jeżeli mu się to nie podoba, idzie gdzie indziej – i dokładnie o to chodzi.

Zwiększanie przepływu pieniężnego

To zarządca nieruchomości jest odpowiedzialny za zwiększanie generowanego przez nią przepływu pieniężnego. Dobrzy zarządcy rozumieją rynkowe granice, w obrębie których muszą pracować, aby osiągnąć ten cel. Jeżeli jednak zarządzasz nieruchomością sam, powinieneś wiedzieć, co się dzieje na rynku w Twojej najbliższej okolicy. Poświęć trochę czasu i przejrzyj lokalne gazety, obejrzyj budynki konkurencji i skontaktuj się z właścicielami okolicznych nieruchomości, żeby poznać rynek, zanim podniesiesz swój czynsz. Po prostu zadzwoń do nich i zapytaj o wysokość czynszu, powierzchnię, wysokość wymaganej kaucji i dowiedz się, co obejmuje czynsz.

Kwestie prawne i kontrakty

Zajmij się biznesem wynajmowania nieruchomości, a szybko się przekonasz, że większość państw ma wiele przepisów regulujących zarządzanie nieruchomościami – zarówno dużymi, jak i małymi. Pracownicy profesjonalnej firmy zarządzającej znają te przepisy i mają gotowe formularze, które wypełniają lokatorzy i właściciele nieruchomości. Wiedzą również, w jaki sposób składać odpowiednie sprawozdania i dokumenty do różnych urzędów. Jeśli nie korzystasz z usług firmy zewnętrznej, będziesz musiał sam przygotowywać umowy najmu, nakazy eksmisji, załączniki do umów ustalające zasady trzymania zwierząt domowych i tym podobne sprawy oraz zadbać, żeby dokumenty te były zgodne z przepisami.

Firmy zajmujące się zarządzaniem dbają także o to, aby wszyscy lokatorzy byli traktowani tak samo, innymi słowy, żeby wszyscy przeczytali i podpisali wymagane dokumenty, zostali poinformowani o swoich prawach lokatorskich i o Twoich prawach jako właściciela budynku. Gdy sam zarządzasz swoją nieruchomością, zwłaszcza jeśli jest ona niewielkich rozmiarów, to łatwo o uchybienia w prowadzeniu dokumentacji. Postępowanie takie może wpędzić Cię w kłopoty i najczęściej ostatecznie tak się dzieje. Jeżeli mi nie wierzysz, wypożycz sobie film *Wzgórza Pacyfiku*. Nie każdy jest tak miły, jak się wydaje.

Utrzymanie

Do zadań zarządcy nieruchomości należą: utrzymanie terenów zielonych, odmalowywanie mieszkań i budynków, dbanie o to, żeby wszystkie urządzenia w wynajmowanych mieszkaniach były sprawne, oraz przeprowadzanie wszelkich prac konserwacyjnych, na przykład wymiana żarówek na korytarzach. Budynek wielomieszkaniowy może być postrzegany jako świetne miejsce do życia, jeżeli wszystkie te codzienne czynności są wykonywane właściwie – lub może sprawiać wrażenie rudery, jeśli są zaniedbywane. Jak zawsze diabeł tkwi w szczegółach.

Ty lub zatrudniany przez Ciebie zarządca nieruchomości będziecie przyjmowali od lokatorów wszelkie polecenia napraw i będziecie musieli zadbać o to, by usunięto zgłoszone usterki. Będzie trzeba czyścić wykładziny, nadzorować wywóz śmieci, spotykać się ze wszystkimi wykonawcami napraw, a także koordynować przebieg tych prac. Dodatkowo, jeżeli sam zarządzasz swoją nieruchomością, będziesz musiał znaleźć i zatrudnić własnych wykonawców tych usług, takich jak hydraulicy, elektrycy, firmy zajmujące się czyszczeniem wykładzin, utrzymaniem zieleni, malarzy, stolarzy i tym podobnych fachowców. Firmy zajmujące się zarządzaniem nieruchomościami zwykle mają podpisane umowy z usługodawcami, na których mogą polegać i którzy gwarantują korzystne ceny – w zależności od ilości pracy do wykonania.

Pobór czynszu

Pobór czynszu może być albo prosty, albo bardzo trudny – zależy to od tego, do czego przyzwyczaisz lokatorów. W budynkach, którymi zarządza moja firma, kierujemy się literą prawa i nie robimy żadnych wyjątków dla lokatorów, którzy nie płacą czynszu w terminie. W tym biznesie trzeba być twardym. Usłyszysz najprzeróżniejsze historie i chociaż potrafię zrozumieć tych, którzy mają chwilowe trudności, to jednak wolę tych którzy płacą czynsz na czas. Firma zarządzająca nieruchomościami będzie działała dokładnie tak jak ja, nie pozostawiając niejasności, jeżeli chodzi o pobór czynszu. Gdy sam zarządzasz nieruchomością, nietrudno Ci będzie traktować ludzi łagodniej i być w tej kwestii pobłażliwym. Nie rób tego. Z zasady nie pozwalamy na uiszczanie opłat w ratach, nie rezygnujemy z pobierania odsetek za zwłokę i nie przyjmujemy czeków od nikogo, kto spóźnił się z płatnością więcej niż raz. Przyjmujemy wtedy jedynie przekazy pieniężne. Nigdy, przenigdy nie odstępuj od pobierania wszelkich opłat za zwłokę. W niektórych przypadkach są to jedyne czynniki, którymi dysponujesz, aby zmotywować lokatorów do płacenia w terminie. Zrezygnuj z nich, a będziesz miał kłopoty.

Musisz wiedzieć, że każdy wyjątek, na jaki się zgodzisz, tworzy precedens. Jeżeli będziesz zmuszony z jakiegoś powodu eksmitować lokatora za niepłacenie czynszu, Twoje wcześniejsze akty życzliwości mogą Ci zaszkodzić. Ustal swoją politykę poboru czynszu zgodnie z miejscowym prawem i trzymaj się jej bez względu na okoliczności.

Płacenie rachunków

Gdy jesteś właścicielem nieruchomości pod wynajem, może Ci się wydawać, że zajmujesz się rachunkowością. Z zarządzaniem nieruchomością wiąże się wiele obowiązków dotyczących rachunkowości. Zarządcy nieruchomości odpowiadają nie tylko za pobór czynszu i wpłacanie tych pieniędzy do banku, ale także dbają o to, aby wszystkie rachunki były płacone w terminie. Z każdym kosztem wymienionym w budżecie operacyjnym będzie się wiązał rachunek do zapłacenia. Zatrudniani przez Ciebie zarządcy nieruchomości zajmą się comiesięcznymi rachunkami, a także wszystkimi innymi należnościami, które pojawiają się rzadziej. Na koniec każdego miesiąca Ty lub Twój zarządca nieruchomości powinniście przeprowadzić analizę przychodów i kosztów oraz porównać ją z budżetem. Postępuj tak co miesiąc, a będziesz miał pełną kontrolę nad tym, co się dzieje w Twoim biznesie.

Zarządzanie budżetem

Poza poborem czynszu i płaceniem rachunków do zadań zarządcy należy zarządzanie budżetem operacyjnym nieruchomości. Oznacza to, że wszystkie koszty należy zaksięgować i porównać z tymże budżetem. Jeżeli będą niższe niż przewidziane w budżecie, to świetnie. Jeżeli wyższe, to powinieneś się dowiedzieć dlaczego.

Istnieje wiele programów komputerowych do zarządzania nieruchomościami, które pomogą Ci zarządzać budżetem operacyjnym, i z reguły zasada ich działania jest prosta. Wprowadzając rachunki do systemu płatności, przypisujesz je do właściwych pozycji na planie kont. Każde konto ma przewidzianą miesięczną kwotę i gdy zostaje wprowadzony rachunek, program po prostu odejmuje z budżetu kwotę z faktury i przedstawia Ci saldo po tej operacji. To tak, jak gdyby każda pozycja w budżecie całkowitym miała swoją własną książeczkę czekową. W ten sposób możesz zarządzać poszczególnymi pozycjami, a nie tylko całkowitą kwotą.

Nic w życiu nie jest idealne i czasami będziesz musiał wydać trochę więcej w ramach danej pozycji albo przekonasz się boleśnie, że nie przewidziałeś wystarczająco dużo środków w swoim budżecie, aby zarządzać efektywnie. Wiele programów komputerowych pomoże Ci przeanalizować w każdym przypadku, o ile przekroczyłeś budżet lub ile pieniędzy Ci zostało w ramach każdej pozycji. Ja przeprowadzam takie działanie co miesiąc. Raporty z tejże analizy pomagają mi przemyśleć to, w jaki sposób skorygować wydatki tak, aby ostatecznie zmieścić się w budżecie. Jest to także dobre narzędzie edukacyjne, które przyda Ci się przy tworzeniu przyszłych budżetów. Im więcej takich analiz przeprowadzasz, tym z roku na rok Twoje budżety będą dokładniejsze.

Eksmisje

Eksmisje są nieuniknioną częścią tego biznesu, ale dobra wiadomość jest taka, że nie muszą one być traumatycznym przeżyciem dla Ciebie jako właściciela nieruchomości. Do eksmisji może dojść z różnych powodów, jednym z nich bywa niepłacenie czynszu. Ale moja firma eksmitowała już ludzi z najróżniejszych powodów, do czego oczywiście mieliśmy prawo. Z przyjemnością eksmituję jedynie handlarzy narkotyków. Choć w każdej innej sytuacji nie jest to łatwe, to nigdy nie unikam eksmisji, gdy jest to konieczne.

Także i w tym wypadku firma, która zajmuje się zarządzaniem nieruchomościami, przeprowadzi wszelkie eksmisje zgodnie z prawem. Zanim postanowisz zrobić to sam, upewnij się, że znasz swoje prawa oraz prawa lokatora. Jeżeli sam zarządzasz nieruchomością, powinieneś skonsultować się ze swoim prawnikiem, zanim zajmiesz się tym procesem.

Obsługa klienta

Bardzo ważnym aspektem zarządzania nieruchomością jest bycie do dyspozycji lokatorów. Muszą wiedzieć, że mogą w każdej chwili zadzwonić, jeżeli mają jakiś problem lub wystąpi jakaś nagła sytuacja, i że ich prośba zostanie spełniona w rozsądnym czasie. Nie proszą w tym momencie o zbyt wiele; w końcu jeśli chcieliby sami zajmować się problemami tego typu, mieliby własny dom. Ta całodobowa obsługa klienta jest częścią profesjonalnej umowy o zarządzanie nieruchomością. Jeżeli zarządzasz nieruchomością sam, będziesz musiał świadczyć także i tę usługę.

W naszych nieruchomościach zapewniamy obsługę w ciągu 24 godzin dla wszystkich drobnych zgłoszeń oraz natychmiastową reakcję na nagłe wypadki. Co stanowi nagły wypadek? Dla nas jest to pożar, powódź lub sytuacja, w której ktoś zostaje ranny. Oczywiście są od tego wyjątki, ale zwykle po godzinach nie wysyłamy ślusarza do lokatorów, którzy zgubili klucz (a i tacy dzwonią). Dla wszystkich naszych budynków prowadzimy całodobowy serwis telefoniczny, który bardzo szybko odpowiada na każde zgłoszenie. W nagłych wypadkach, takich jak morderstwo, działamy szybko, aby móc współpracować z władzami i rodzinami ofiar.

Jest to zaledwie kilka obowiązków, które wiążą się z posadą zarządcy nieruchomości. To naprawdę duża odpowiedzialność 24 godziny na dobę, przez 365 dni w roku. Jeżeli po przeczytaniu powyższych informacji myślisz: „Inwestowanie w nieruchomości nie jest dla mnie. Nie chcę pracować aż tak ciężko", to miałbym dla Ciebie radę: nie zniechęcaj się, głowa do góry. Może inwestowanie w nieruchomości *jest* czymś dla Ciebie, ale zarządzanie nimi *nie*. Zdaję sobie sprawę, że w pierwszej kolejności chcesz oszczędzać pieniądze, tak abyś mógł zmaksymalizować swój przepływ pieniężny. Jeśli jednak nie chcesz osobiście zarządzać nieruchomościami, jednocześnie chcesz na tym oszczędzić, to nie tędy droga. Jeżeli nieruchomość nie będzie właściwie zarządzana, to nie tylko będziesz miał kłopoty ze znalezieniem lokatorów, ale będzie Ci trudno podnieść w niej czynsz do poziomu rynkowego. Uniemożliwi to wzrost wartości Twoich aktywów – w końcu ich wartość opiera się na osiąganych przez nie wynikach. Wreszcie, zatrudnienie profesjonalnej firmy zarządzającej daje Ci czas na poszukiwanie i ocenę kolejnej nieruchomości inwestycyjnej. Wspomniałem już wcześniej, że drogą do bogactwa jest posiadanie nieruchomości, a nie zarządzanie nimi.

Kiepskie zarządzanie nieruchomością jest jednym z głównych czynników obniżających jej rentowność i zmniejszających jej wartość.

Gdy zatrudniasz firmę zarządzającą nieruchomościami

Jeżeli po przeczytaniu tego rozdziału skłaniasz się ku zatrudnieniu firmy zarządzającej nieruchomościami, która miałaby profesjonalnie zająć się Twoją nieruchomością, to musisz wiedzieć, na co zwrócić uwagę, aby zaangażować najlepszych. Nie wszystkie takie firmy są sobie równe.

Opracowałem listę pytań, które zadaję w rozmowie, gdy szukam takiej firmy. Możesz mi wierzyć lub nie, ale sami nie zarządzamy wszystkimi naszymi nieruchomościami. Często, gdy nie mamy zbyt silnej pozycji na danym rynku, nie ma sensu, żeby nasza firma zarządzająca wykonywała pracę na rzecz tylko jednej nieruchomości. Dlatego zlecamy to innym. Jednak – jak możesz sobie wyobrazić – jesteśmy wytrawnymi poszukiwaczami. Jeśli będziesz stosował się do poniższej listy, też uda Ci się to osiągnąć.

- **Stawki za zarządzanie nieruchomością**. Stawki te wynoszą średnio 8-12% czynszu brutto z nieruchomości jednorodzinnych i 4-8% – w zależności od wielkości nieruchomości wielomieszkaniowych. Podchodź sceptycznie do wszystkiego powyżej i poniżej tych wartości.
- **Jak długo firma działa na rynku**. Ja szukam firm zarządzających nieruchomościami, działających na rynku przynajmniej od 3 lat.
- **Oprogramowanie księgowe oraz możliwości**. Wolę pracować z firmą, która zatrudnia kilka osób w dziale księgowości. Jedna osoba to zły znak. Chcę wiedzieć, jak wyglądają ich raporty księgowe, którego dnia miesiąca są one przygotowywane, w jaki sposób je dostarczają i jakie mają relacje z bankami. Oczywiście sprawdzam także referencje tych banków.
- **Referencje**. Oprócz tego, że sprawdzam referencje banków, proszę o listę wszystkich nieruchomości, którymi dana firma zarządza. Osobiście dzwonię i odwiedzam co najmniej pięć z nich. Nie interesują mnie ogólne referencje, bo nikt nigdy nie podaje nazwisk ani numerów ludzi, którzy nie przedstawią firmy w jak najlepszym świetle.
- **Zasady i procedury**. Chcę zobaczyć zbiór zasad i procedur firmy, abym mógł się dowiedzieć, jak jest zorganizowana. Dokument ten pokazuje także drobne szczegóły dotyczące kultury w firmie, stylu zarządzania i profesjonalizmu pracowników.

- **Przynależność do stowarzyszeń i związków branżowych**. Firma zarządzająca nieruchomościami powinna mieć członków w lokalnych i krajowych organizacjach branżowych.
- **Programy szkoleniowe**. Zarządzanie nieruchomościami wymaga szerokiego zakresu umiejętności – począwszy od sprzedaży przez obsługę klienta i finanse po kwestie prawne. Poszukuję firmy, która inwestuje w swoich pracowników i zapewnia im szkolenia w tych dziedzinach.
- **Licencje zarządcy nieruchomości**. Zanim zatrudnię firmę zarządzającą nieruchomościami, chcę zobaczyć kopie posiadanych przez nią pozwoleń na prowadzenie działalności wydanych przez lokalne władze. Jeżeli współpracujesz z licencjonowanym zarządcą nieruchomości, to jesteś chroniony przez prawo w razie wszelkich nadużyć, takich jak zdefraudowanie pieniędzy z czynszu.
- **Kontrola prawna oraz sprawdzenie historii lokatorów**. Proszę o nazwy firm, których usługi są wykorzystywane przy przeprowadzaniu eksmisji oraz sprawdzaniu niekaralności i historii kredytowej. Nie zatrudnię firmy, która nie dokonuje kontroli tego typu.
- **Negocjacje z dostawcami**. Pracownicy firm zarządzających nieruchomościami muszą mi powiedzieć, w jaki sposób negocjowali z podwykonawcami, aby zmniejszyć moje wydatki na utrzymanie, zaopatrzenie, usługi, reklamę i wszystko inne. Gdy współpracujesz z dużą firmą zarządzającą, to w grę powinna wchodzić ekonomia skali, która dla Ciebie oznacza oszczędności.
- **Pracownicy**. Chcę wiedzieć, kim jest człowiek, który będzie zajmował się moim budynkiem. Oczekuję, że firma ta będzie sprawdzała przeszłość wszystkich pracowników i zostaną oni też poddani testom na obecność narkotyków we krwi. Musisz być ostrożny, gdy zapraszasz zarządcę, który ma się zajmować Twoją nieruchomością.

Kiedy zwolnić zarządcę nieruchomości

Musisz mieć świadomość, że wypadku zarządzania nieruchomościami dostajesz to, za co płacisz. Jak potraktujesz swoją firmę zarządzającą, tak jej pracownicy będą do Ciebie podchodzili. Relację tę musi cechować wzajemny szacunek i jasno określona odpowiedzialność. Powinna też być oparta na wzajemnym zaufaniu. To jest partnerstwo, więc przystąpcie do niego jak partnerzy. Jeżeli przyjmiesz postawę „my kontra oni" – na dłuższą metę przegrasz.

Pewien bardzo mądry człowiek powiedział mi kiedyś, że zarządzanie nieruchomościami jest niewdzięcznym zajęciem. Zaciekawiony tym stwierdzeniem zapytałem go, co miał na myśli, ponieważ najwyraźniej miał za sobą wiele lat doświadczenia jako profesjonalny zarządca nieruchomości i inwestor. Powiedział mi coś, czego nigdy nie zapomnę.

Zarządca nieruchomości może zostać zwolniony z trzech głównych powodów:

1. Gdy nieruchomość nie jest wystarczająco zyskowna, zwłaszcza gdy przynosi mniejsze zyski, niż oczekiwał tego inwestor. Prawdopodobnie trzeba zmienić zarządcę, aby poprawić jej wyniki.
2. Gdy nieruchomość nie zwiększa z roku na rok swojej rentowności lub gdy pozostaje ona na niezmienionym poziomie. Żadnej poprawy? Cóż, nie po to kupiliśmy tę nieruchomość, prawda? Zwalniamy więc zarządcę!
3. Gdy rentowność nieruchomości znacznie przekracza oczekiwania inwestora. Powodem zwolnienia jest fakt, że zarządzanie nieruchomością zdaje się proste i zarządca nie jest potrzebny, bo nieruchomość przynosi takie duże zyski. Inwestor sam może wykonać tę pracę i oszczędzić na wynagrodzeniu.

To, co przekazuje ta zabawna historyjka, jest aż nadto prawdziwe: zarządcy nieruchomości są na łasce właścicieli nieruchomości. I jako właściciel takowej możesz czuć, że masz sporą władzę. Jednak jej nie nadużywaj. Dokonaj mądrego wyboru już na samym początku, abyście – Ty i wybrany przez Ciebie zarządca – traktowali się z wzajemnym szacunkiem, a Ty pozostań wierny swojemu partnerowi – zarządcy nieruchomości. On z kolei odpłaci Ci się wysokim poziomem usług oraz zyskiem, którego oczekujesz. Zatrudnianie w swojej nieruchomości jednego zarządcy po drugim jest nie tylko nieskuteczne, ale także zmniejszy Twoje szanse na sukces. Staraj się tworzyć długotrwałe relacje, które nadadzą Twojemu biznesowi rozmachu i zwiększą Twoje zyski.

Jednak jako właściciel nieruchomości musisz umieć ocenić, kiedy powinieneś zrezygnować z usług firmy zarządzającej. Ja nie toleruję przede wszystkim tych firm zarządzających nieruchomościami, które:

- nie przyjmują postawy partnera i nie przekazują właścicielowi nieruchomości informacji dotyczących na przykład warunków rynkowych wpływających na podaż i popyt;
- zaniedbują stan fizyczny nieruchomości – jeżeli zarządca widzi na ziemi papierek, to nie powinien udawać, że go nie zauważa;
- mają dużą rotację pracowników w jakimkolwiek dziale; sprawia to, że zbudowanie relacji jest trudne;
- przedstawiają niekompletne lub pełne niezgodności sprawozdania.

Są to uzasadnione powody do rezygnacji z usług firmy zarządzającej nieruchomościami. Ja lubię ustalać poziom oczekiwań już na samym początku, w umowie o zarządzanie. Potem dyskutuję tę kwestię z firmą. Wiele z tych oczekiwań w różnych państwach reguluje się inaczej, musisz więc znać przepisy obowiązujące w Twoim kraju i nie możesz godzić się na świadczenie żadnych usług, których jakość jest poniżej urzędowych norm. Z drugiej strony Twoje oczekiwania muszą być realistyczne. Jeżeli za nieruchomość zapłaciłeś zbyt dużo i teraz oczekujesz od zarządcy nieruchomości, żeby ten sprawił cud i wyciągnął Cię z kłopotów, to się zawiedziesz.

Może jestem nieco uprzedzony do zarządców nieruchomości, choć wiem, że bardzo dobry zarządca może świadczyć wysokiej jakości usługi. Mam tu jednak na myśli właścicieli nieruchomości i inwestorów, którzy uważają, że zarządzanie nieruchomościami jest proste i że każdy może to robić. Poświęcam im uwagę, ponieważ właściciele ci są moim głównym celem, gdy kupuję nieruchomości. Niezmiennie nieruchomości zarządzane przez właścicieli charakteryzują się dużym potencjałem w zakresie generowania przychodu, ponieważ właściciele są po prostu niedoświadczeni lub niewystarczająco zainteresowani, aby właściwie zarządzać nieruchomością. Są oni moim głównym celem.

Efekt domina

Można powiedzieć, że zarządzanie nieruchomościami jest dużym zbiorem małych decyzji. Dokonuj tylko właściwych wyborów, a Twoja droga okaże się łatwa. Jeśli jednak Twoje wybory będą złe – będziesz szedł na skróty, palił za sobą mosty, złościł lokatorów lub zdzierał z usługodawców – to będziesz musiał sprostać większym wyzwaniom. Możesz wybrać właściwą drogę lub tę niewłaściwą – wybór należy do Ciebie. Jeżeli jednak wybierzesz tę drugą, to Twój jeden zły wybór może mieć daleko idące skutki. Przypomina to efekt domina; mogę tu przytoczyć kilka przykładów tego, co mam na myśli.

Wynajem nieodpowiedniej osobie

Niedawno do pewnej nieruchomości, którą zarządzamy, wprowadził się lokator, który został kiedyś skazany za przestępstwa seksualne. Skłamał na formularzu aplikacyjnym, zaznaczając odpowiedź „nie" na pytanie: „Czy byłeś kiedyś skazany za przestępstwo?".

Najwyraźniej człowiek ten przeprowadził się z Teksasu do Arizony i złamał prawo, bo zgłosił ten fakt dopiero *po* wprowadzeniu się do naszej nieruchomości. Nie powiadomiła nas o tym firma sprawdzająca niekaralność i historię kredytową, która rozpatrywała jego formularz aplikacyjny.

Możesz sobie wyobrazić szok, jaki przeżyłem, gdy otrzymałem list wystosowany przez lokalną komendę policji do mieszkańców, w którym poinformowano, że w nieruchomości mieszka przestępca seksualny. Możesz też sobie wyobrazić złość mieszkańców tego budynku, gdy lokalne władze ich o tym powiadomiły i gdy miejscowe media zainteresowały się całą historią.

Wywołało to ogromne wzburzenie wśród setek lokatorów i ich rodzin mieszkających w nieruchomości. Oczywiście trzeba było działać szybko. Musieliśmy sobie poradzić z dziesiątkami telefonów od naszych lokatorów, zaniepokojonych o bezpieczeństwo swoje i swoich dzieci, właściciele nieruchomości także mieli swoje do powiedzenia. Aby rozwiązać ten problem, natychmiast skontaktowałem się ze wspomnianym lokatorem i przedyskutowaliśmy zaistniałą sytuację. Zgodziłem się wziąć na siebie koszty przeprowadzki, bo człowiek ten chciał się przenieść. Zarządca osobiście nadzorował tę przeprowadzkę i problem został rozwiązany.

Szybkie działanie zamieniło złą sytuację w taką, która w rzeczywistości nas wzmocniła. Pokazaliśmy, że gdy rodzą się problemy, choć zdarza się to raczej rzadko, traktujemy je poważnie i staramy się na nie reagować. Nie zrobiliśmy jakiegoś wielkiego szumu w związku z tą sytuacją, a ludziom, którzy pytali, mówiliśmy po prostu, że wspomniana osoba się wyprowadziła. Gdybyśmy nie zadziałali w ten sposób, z pewnością dobrzy lokatorzy zaczęliby masowo opuszczać tę nieruchomość.

Zaniedbywanie lokatorów

Nietrudno jest wyjaśnić prostą zasadę, że gdy dbasz o swoich lokatorów, to jest bardziej prawdopodobne, że przedłużą oni swoje umowy najmu. Taka jest ludzka natura. Każdy z nas miał złe doświadczenia w jakimś hotelu lub domu towarowym i poprzysiągł sobie, że nigdy do niego nie wróci. W przypadku zarządzania nieruchomościami nie jest inaczej.

Dbanie o swoich lokatorów oznacza szybkie reagowanie na ich telefony. Oznacza naprawianie tego, co trzeba naprawić. Oznacza uprzejmy i profesjonalny personel, który jest zawsze chętny do pomocy. Oznacza robienie wszystkiego tego, czego sam byś oczekiwał, gdybyś był lokatorem. Efekt domina może powstać w sytuacji, gdy niezadowoleni lokatorzy opuszczą mieszkania, a to z kolei spowoduje problemy z przepływem pieniężnym. Lokatorzy ze sobą rozmawiają, a nieszczęścia lubią chodzić parami. Dzięki temu, że dbasz o lokatorów, okolice basenu są cudownymi miejscami do odpoczynku, zamiast stać się terenem wystąpień niezadowolonych mieszkańców. Parkingi są parkingami, a nie terenem powszechnego narzekania. Wychodź z inicjatywą i stwórz system, który będzie szybko reagował na potrzeby Twoich lokatorów, a będziesz w stanie ich utrzymać.

Brak w budżecie środków na nieprzewidziane wydatki

Czy kiedykolwiek słyszałeś wyrażenie: „zdarza się"? Cóż, mogę poświadczyć, że gdy tak się dzieje, to sprzątanie powstałego bałaganu trwa dłużej i kosztuje więcej, niż Ci się wydaje. Bądź przygotowany na problemy, które powstaną w czasie, gdy jesteś właścicielem nieruchomości. Mówię tu o takich przypadkach jak: rozsadzone bojlery; zalania, które wymagają położenia nowej podłogi i gipsowania ścian; niewielkie pożary, które niszczą szafki i wyposażenie; sprężarki, które przestają działać w najgorętszym dniu w roku; wybite szyby; uszkodzenia wiat garażowych dokonane przez firmy przewozowe i szkody wyrządzone przez wichury – sytuacje, w których koszty naprawy są niższe niż Twój udział własny ubezpieczenia. Rozumiesz, o czym mówię.

Stwórz fundusz rezerwowy, odpowiedni do wielkości Twojej nieruchomości, z którego będziesz mógł skorzystać, gdy wydarzy się coś nieprzewidzianego. Miejmy nadzieję, że nigdy nie będziesz musiał użyć tych środków. Trudno jest określić, ile należy odłożyć, bo każda nieruchomość jest w innym stanie, gdy ją kupujesz. Ja przyglądam się jej stanowi i odnotowuję takie rzeczy jak stare dachy lub wyposażenie, które może wkrótce się popsuć. Potem odkładam dodatkowe środki na rzeczy, które psują się nieoczekiwanie.

Zarządzanie nieruchomościami jest zajęciem, które wykonujesz przez 365 dni w roku, 24 godziny na dobę. Jesteś to winny swoim lokatorom, żeby mogli się z Tobą w każdej chwili skontaktować i liczyć na Twoją szybką reakcję. Jesteś to także winny sobie, jeżeli poważnie myślisz o zwiększaniu wartości swojej inwestycji i generowaniu przepływu pieniężnego. Ten aspekt tego biznesu dotyczy obsługi klienta i jest on absolutnie niezbędny, abyś mógł odnieść sukces.

Człowiek jest istotą społeczną. Rozmawia z innymi. Ludzie wymieniają się informacjami na temat wspaniałych miejsc do zamieszkania i tych mniej wspaniałych. Zadbaj o to, żeby Twoja nieruchomość znalazła się w tej pierwszej kategorii. Możesz to osiągnąć w wyniku swojego działania. Będziesz miał przez to życie bardziej wypełnione pracą, ale z pewnością będzie o wiele prostsze.

Po przeczytaniu rozdziału jedenastego

- Wprowadź systemy odpowiedzialne za: utrzymanie nieruchomości, rachunkowość, pobór czynszu.
- Przemyśl zatrudnienie profesjonalnej firmy zarządzającej nieruchomościami i przeprowadź rozmowy z kilkoma takimi firmami.
- Sprawdzaj niekaralność i historię kredytową każdego potencjalnego lokatora.

- Zacznij działać w lokalnych stowarzyszeniach branżowych.
- Egzekwuj zasady i procedury określone w umowie najmu bez wyjątków!
- Szybko i z uśmiechem reaguj na wnioski swoich lokatorów.

ROZDZIAŁ DWUNASTY

Sprzedać albo nie sprzedać

W jednym z wcześniejszych rozdziałów mówiliśmy o zaletach i wadach zdobywania bogactwa dzięki spekulacji nieruchomościami. Handel spekulacyjny, jak sobie przypominasz, to kupowanie nieruchomości i szybka ich sprzedaż z zyskiem. Zysk ten może zostać wykorzystany na zakup kolejnej nieruchomości albo zatrzymany. Wiele osób myśli, że jest to sposób na zdobycie majątku, ale ja tak nie uważam. Jestem zdecydowanym zwolennikiem strategii kupowania i trzymania nieruchomości. Tak właśnie postępuję i uważam, że w ten sposób dochodzi się do majątku i generuje przepływ pieniężny.

Jednakże czasami będziesz chciał lub musiał sprzedać swoją nieruchomość. Nie oznacza to, że po prostu kontaktujesz się z pośrednikiem nieruchomości i wywieszasz przed budynkiem tabliczkę „Na sprzedaż". Potrzebna jest tu pewna strategia. Podobnie jak powinieneś tak zarządzać swoją nieruchomością, aby zmaksymalizować przepływ pieniężny, tak też powinieneś w taki sposób sprzedać swoją nieruchomość, aby zmaksymalizować swój zwrot z inwestycji. To znaczy, że powinieneś za nią uzyskać możliwie najwyższą cenę. A jeżeli dowiedziałeś się czegoś z tej książki, to – mam nadzieję – wiesz, że cena nieruchomości uzależniona jest od osiąganych przez nią wyników.

Do tego momentu z pewnością przygotowałeś już swój plan zarządzania, którym się kierujesz przy zarządzaniu swoją nieruchomością i który sprawia, że generowany przez nią przepływ pieniężny jest maksymalnie duży. To świetnie. Właśnie taka jest rola planu zarządzania. Oczywiście wykorzystujesz go codziennie. Często do niego zaglądasz. I co roku go aktualizujesz, prawda? Cóż, może nie co roku. Prawdę mówiąc, jeżeli postępujesz jak większość ludzi, to gdy Twój budynek zostanie wynajęty i zacznie przynosić zyski, prawdopodobnie przestaniesz już pamiętać, gdzie się znajduje, a nawet gdzie masz Twój plan zarządzania. To przerażające, ale czasami się zdarza. Oczywiście nie popieram bycia tego typu „nieobecnym" właścicielem!

Tak więc jeżeli jesteś właścicielem nieruchomości, której już dawno nie odwiedzałeś, znajdź plan zarządzania, odkurz go i mu się przyjrzyj. Musisz to zrobić, aby przygotować swoją nieruchomość na sprzedaż. Do tej pory dowiedziałeś się z tej książki, jak patrzeć na nieruchomości i oceniać je z perspektywy kupującego. Ale żeby ją sprzedać, musisz spojrzeć na nią jako sprzedający. Czy pamiętasz, co mówiłem na temat kupowania detalicznego i hurtowego? Kupujący chcą kupować nieruchomości po cenach hurtowych, sprzedający natomiast będą chcieli je sprzedawać po cenach detalicznych. Z tego rozdziału dowiesz się, w jaki sposób się wykazać wynikami swojej nieruchomości, aby uzyskać najwyższą możliwą cenę na poziomie *detalicznym*. Jak tego dokonać? Istnieją dwie podstawowe metody, dzięki którym możesz to osiągnąć.

Zmaksymalizuj swoje potencjalne przychody w przyszłości

Gdy kupujesz i trzymasz nieruchomości, logiczne jest, że chcesz zmaksymalizować swój przepływ pieniężny. W końcu chciałbyś przez wiele kolejnych lat co roku czerpać zyski – i im będą one wyższe, tym lepiej. Żeby tak się działo, najlepiej byłoby, gdyby Twoja nieruchomość była w 100% wynajęta, nawet jeżeli oznacza to, że niektóre czynsze będą poniżej poziomu rynkowego.

Jeżeli jednak planujesz sprzedać swoją nieruchomość, to pobierany przez Ciebie czynsz powinien być na poziomie rynkowym w danej okolicy. Jest tak dlatego, że wartość nieruchomości będzie obliczana niekoniecznie na podstawie obecnego przychodu, ale na podstawie potencjalnego przychodu w przyszłości. Czasami pomiędzy jednym a drugim jest bardzo duża różnica. Gdy sprzedajesz swoją nieruchomość, chcesz przedstawić jak najwyższy potencjalny przychód w przyszłości dla danej nieruchomości, a nie najwyższy obecny przychód, bo musisz pamiętać – jak to zostało wyjaśnione w rozdziale siódmym – że obecny przychód jest ceną hurtową, a potencjalny przychód – detaliczną. Jako sprzedający powinieneś sprzedawać po cenie możliwie najbliższej ceny detalicznej, nawet kosztem wynajmu!

Pozwól, że wyjaśnię. Nikt nie kupi Twojej nieruchomości, zakładając, że będzie ona wiecznie całkowicie wynajęta. Jeśli ktoś to zrobi, niech natychmiast przyśle mi e-maila, bo mam jedno takie mokradło, które chciałbym mu pokazać. Kupujący powinni zrozumieć, że w ich analizie zawsze trzeba uwzględnić, że część mieszkań nie będzie wynajęta – może to być zaledwie 2%, choć spotkałem się też z takimi przypadkami, kiedy wartość ta wynosiła 20%. Bez względu na tę liczbę, chodzi mi o to, że gdy sprzedajesz swoją nieruchomość, to fakt, że jest ona w 100% wynajęta, nie zawsze jest dla Ciebie korzystny. Gdy ja kupuję nieruchomość, to 100% wynajęcia oznacza dla mnie, że czynsze są zbyt niskie lub że sprzedający próbuje mnie oszukać.

Abyś mógł zmaksymalizować swoją cenę sprzedaży, lepiej jest dla Ciebie, jeżeli czynsz rynkowy jest wysoki, przez co część Twoich mieszkań jest niewynajęta.

Pozwól, że podam Ci przykład. Gdyby Twoja 21-mieszkaniowa nieruchomość była wynajęta w 100%, a czynsze byłyby średnio o 35 dolarów na każde mieszkanie niższe w porównaniu do cen rynkowych w tej okolicy, to miesięcznie traciłbyś 700 dolarów na czynszu (przy założeniu, że nieruchomość byłaby w 100% wynajęta). Pozostawiłbyś 8400 dolarów rocznego przepływu pieniężnego kolejnemu kupującemu (700 dolarów miesięcznie razy 12 miesięcy). Ta różnica jest odzwierciedlona bezpośrednio w ostatecznym bilansie, a pamiętaj, że to właśnie ta liczba określa końcową wartość nieruchomości.

Wróćmy teraz do naszego wzoru na obliczanie oferowanej ceny dla nieruchomości. Jak wiesz, cena ta to przychód operacyjny netto podzielony przez stopę kapitalizacji. Gdy zastosujesz skromną stopę kapitalizacji na poziomie 10% i podzielisz ją przez 8400 dolarów pozostałego przychodu pieniężnego, przekonasz się, że Twoja cena zakupu zmniejszy się o 84 tysiące dolarów. Tylko dlatego, że Twoje czynsze były o 35 dolarów za niskie!

Jak wspomniałem wcześniej, kupujący założą, że przez pewien okres część mieszkań może nie być wynajęta, więc przyjmą współczynnik niewynajętej powierzchni dla Twojej nieruchomości na poziomie 5–7%, nawet jeżeli jest ona obecnie w 100% wynajęta.

Widzisz teraz, jak trudno uzyskać wysoką cenę za Twoją nieruchomość, jeśli Twoje czynsze są poniżej poziomu rynkowego. Czasami niełatwo jest ustalić wszystkie czynsze na poziomie rynkowym, ale choć część z nich powinna mieć taką właśnie wysokość. Jeżeli nie masz ani jednego mieszkania z czynszem na poziomie rynkowym, a kupujący przeczytał tę książkę, to znajdziesz się po drugiej stronie dyskusji na temat wyceny, którą przedstawiliśmy w rozdziale siódmym. Nie jest to dobra pozycja. W tym momencie możesz albo tanio sprzedać swoją nieruchomość, albo jeszcze jej nie sprzedawać i przygotować ją do sprzedaży, podnosząc swoje czynsze, przez co zwiększysz potencjalne przychody w przyszłości.

Członkowie Twojego zespołu mogą pomóc Ci zdobyć aktualne informacje dotyczące wysokości czynszów na rynku. Kontakty w firmie zarządzającej oraz u pośrednika nieruchomości będą szczególnie przydatne. Muszę jednak podkreślić, że aby odnosić sukcesy w tym biznesie, musisz mieć na bieżąco dostęp do aktualnych informacji o wysokości czynszów na rynku. W powyższym przykładzie widziałeś, jak szybko niewielka różnica w czynszu – zaledwie 35 dolarów – może spowodować utratę przepływu pieniężnego oraz przyczynić się do zmniejszenia wartości nieruchomości. W tym biznesie powinieneś być zawsze na bieżąco.

Teraz, gdy wiesz, jak ważne jest zmaksymalizowanie potencjalnego przychodu nieruchomości w przyszłości, prawdopodobnie się zastanawiasz, jak można tego dokonać. Możesz to zrobić na dwa sposoby:

- ponownie wynajmujesz niewynajęte mieszkania, ustalając czynsz na poziomie rynkowym (sprzedaż detaliczna);
- przedłużasz dotychczasowe umowy najmu, zwiększając czynsz do poziomu rynkowego (sprzedaż detaliczna).

Nie martw się, jeżeli te działania przyczynią się do zwiększenia liczby niewynajętych mieszkań lub do zmiany lokatorów. Czasami tak będzie. Jednak pamiętaj: nie chodzi Ci teraz o zmaksymalizowanie przepływu pieniężnego, ale o sprzedaż nieruchomości, a to oznacza, że powinieneś wykazać jak najwyższy przychód potencjalny. Możesz tego dokonać jedynie wtedy, gdy pokażesz, że czynsz w Twoich mieszkaniach pod wynajem może być na poziomie rynkowym. Im więcej uda Ci się wynająć mieszkań, za które będziesz pobierał czynsz na poziomie rynkowym, tym mniejsza będzie różnica pomiędzy ceną hurtową a detaliczną. Im mniejsza jest ta różnica, tym łatwiej będzie Ci sprzedać nieruchomość po cenie detalicznej.

Odchudzenie kosztów

Kolejną kwestią, którą powinieneś się zająć, gdy chcesz sprzedać swoją nieruchomość, są koszty. Istnieją dwa ich rodzaje: stałe i zmienne. Koszty stałe to podatki od nieruchomości, opłaty za media i ubezpieczenie. Do kosztów zmiennych należą: koszty zarządzania, pracownicze, administracyjne, koszty na reklamę, naprawy i utrzymanie. O wiele większy wpływ masz na koszty zmienne, więc to na nich powinieneś się skupić w pierwszej kolejności. Twoim celem jest ich zmniejszenie do możliwie niskiego poziomu. Nie po to, aby być sknerą, ale żeby pokazać, że potrafisz zarządzać nieruchomością przy jak najniższych kosztach.

Pamiętaj, że jako kupujący przyglądasz się kosztom związanym z nieruchomościami, które kupujesz, i prawdopodobnie będziesz przypuszczał, że się zwiększą. Natomiast jako sprzedający będziesz chciał wykazać możliwie najniższe koszty operacyjne. Tak naprawdę to gdy wystawiam nieruchomość na sprzedaż, zmniejszam personel, ograniczam lub rezygnuję z reklamy i zwiększam udział własny przy ubezpieczeniu – wszystko to w celu zminimalizowania kosztów. Nie ma w tym nic skomplikowanego, ale może to znacznie zmienić cenę sprzedaży Twojej nieruchomości.

Dobrze przyjrzyj się planowi zarządzania, który przygotowałeś podczas należytej analizy stanu. Czy nadal wykorzystujesz każdą taktykę redukcji kosztów, którą umieściłeś w tym planie? Przyjrzyj się wszystkiemu, nawet najdrobniejszym rzeczom; wszystko się liczy. Ponownie przeprowadź przetargi na świadczenie usług, ustal czynsze tak, aby uwzględniały dogodną lokalizację mieszkań, niech pracownik firmy zajmującej się utrzymaniem zieleni odwiedza Twoją nieruchomość raz w tygodniu, a nie dwa. Bądź tak skrupulatny jak podczas kupowania nieruchomości.

Poszukuj odpowiednich kupujących

Gdy już wystawiłeś swoją nieruchomość na sprzedaż, powinieneś poszukać kupujących spełniających Twoje oczekiwania. Z jakiegoś powodu niektórzy sprzedający wolą nie ujawniać tego, że noszą się z zamiarem sprzedaży swojej nieruchomości. Może spodziewają się spadku poziomu zarządzania, gdy firma zarządzająca się dowie, że nieruchomość zmienia właściciela. Dobra firma zarządzająca pomoże Ci zwiększyć wartość nieruchomości, jeśli jej pracownicy znają cele właściciela.

Niezależnie od tego, czy sam zarządzasz nieruchomością, czy korzystasz z usług profesjonalnej firmy, musisz wszystkim oznajmić, że zamierzasz sprzedać swoją nieruchomość. Niektórzy nasi klienci, których nieruchomościami zarządzamy, nie rozumieją tego, że w naszej firmie pracujemy z wieloma inwestorami i właścicielami nieruchomości. Firmy zarządzające nieruchomościami są głównym źródłem informacji o rynku, więc mądrze jest wykorzystać tę sieć. Czasami znajdowaliśmy w ten sposób osoby, które kupiły zarządzane przez nas nieruchomości. Jeżeli współpracujesz z dużą firmą zarządzającą, która ma na rynku renomę i osiąga sukcesy, to sprzedaż jednej nieruchomości nie będzie się wiązała z większymi problemami. Powtarzam, to jest biznes polegający na relacjach i jeżeli jakaś firma osiąga dobre wyniki, to ludzie z niej wiedzą, że ją odszukasz do zarządzania kolejną nieruchomością, którą kupisz.

Oczywiście przychodzi też czas na poufność; następuje to w momencie, gdy kontaktuje się z Tobą potencjalny kupujący. Powinieneś mieć na taką ewentualność gotową umowę o zachowaniu poufności, którą podpisze kupujący, zanim przekażesz mu jakiekolwiek informacje. Chroni to tak Ciebie, jak i jego.

Co zrobić z pieniędzmi otrzymanymi ze sprzedaży

Jeżeli sprzedasz nieruchomość, będziesz potrzebował planu dotyczącego tego, co zrobić z otrzymanymi pieniędzmi. Pewien mój znajomy miał niewielką nieruchomość w San Diego. Chociaż nieruchomość ta nie była wystawiona na sprzedaż, to skontaktował się z nim potencjalny kupujący. Przedstawił ofertę na kwotę znacznie przewyższającą sumę, za którą mój znajomy kupił tę nieruchomość. Przyjął on ofertę i postanowił sprzedać nieruchomość. Niestety, w tamtym czasie rynek mieszkaniowy San Diego był bardzo rozgrzany i mój znajomy nie mógł znaleźć innej nieruchomości, w którą warto byłoby zainwestować pieniądze. Gdyby wtedy o tym wiedział, może lepiej przemyślałby decyzję o sprzedaży. Aby uniknąć konieczności zapłacenia wysokiego podatku od tego ogromnego zysku kapitałowego, był zmuszony do znalezienia inwestycji na innych rynkach w innych miastach i stanach.

W tej chwili jego życie nie jest już takie komfortowe. Musiał szybko stworzyć zespół, poznać inny rynek, a właściwie kilka rynków, obejrzeć wiele potencjalnych nieruchomości i wszystko to pogodzić z wykonywaniem innej pracy. Ta transakcja wywołała w jego życiu ogromny zamęt. A czas płynął. Przy zamianach tego typu masz ograniczony czas na ponowne zainwestowanie uzyskanych pieniędzy, aby przychód ten był wolny od podatku. Mój znajomy musiał iść na skróty, tworząc swój zespół, a nawet przeprowadzając należytą analizę stanu. Pospiesznie kupił nieruchomość, o której wiedział za mało, tylko po to, aby uniknąć płacenia wysokiego podatku. Nie była to dobra nieruchomość – zapłacił za nią zbyt dużo, a na dodatek było z nią związanych wiele odroczonych napraw. Była to zła transakcja, ale nie mając zbytnio wyboru, dokonał jej.

Nie jest moim zamiarem krytykowanie działania tego inwestora, ale chcę ostrzec przyszłych sprzedających: jeżeli nie macie planu określającego to, w jaki sposób chcecie zagospodarować zyski kapitałowe, to nie powinniście sprzedawać swoich nieruchomości. Łatwo jest dać się skusić na gotówkę. Jeśli naprawdę inwestujesz w nieruchomości, to najprawdopodobniej zawsze jesteś przygotowany i masz już jakieś nieruchomości na oku. Świetnie. Ale jeżeli jesteś inwestorem pasywnym i nie masz jeszcze upatrzonych kolejnych nieruchomości, to może nie być Ci łatwo, gdy zostaniesz zmuszony do zakupu złej inwestycji lub pozostaniesz z dużym obciążeniem podatkowym.

Nigdy nie sprzedałbym nieruchomości, gdybym nie pracował przynajmniej nad trzema innymi transakcjami, w które mógłbym ponownie zainwestować uzyskane pieniądze. Jest to jedyny sposób, żeby uniknąć płacenia wysokiego podatku oraz ustrzec się przed podejmowaniem głupich decyzji, które będą kosztowały Cię tak na krótką, jak i na dłuższą metę.

Kilka słów na zakończenie

Nadejdzie dzień, gdy nieruchomości, które mój partner i ja posiadamy, zostaną sprzedane. Jednak do tego czasu przepływ pieniężny przez nie generowany i wzrost ich wartości będzie pozwalał nam robić to, co bardzo lubimy – zarówno dziś, jak i w przyszłości. Wiedza ta wiąże się z pewną wolnością. To tego szukałem, gdy wyznaczałem mój własny cel, którym było osiągnięcie finansowej wolności. Nie podejrzewałem wtedy, że wolność ta znacznie wykroczy poza kwestię pieniędzy; że będzie to wolność, która pozwoli mi spędzać czas z moją rodziną, że pozwoli mi robić rzeczy, które chcę robić; że dzięki tej wolności będę mógł dzielić się moimi doświadczeniami z innymi. Inwestowanie w nieruchomości – zwłaszcza ich kupowanie i trzymanie – było na początku środkiem do osiągnięcia celu. Ale przekształciło się teraz w coś znacznie ważniejszego. Jest to cel sam w sobie oraz porywająca podróż.

Ken McElroy

Ken McElroy od 2001 roku jest doradcą bogatego ojca do spraw zarządzania nieruchomościami. Występował publicznie w różnych miastach USA i Australii. Ken stworzył serię nagrań audio *How to Increase the Income from your Real Estate Investments – Secrets of Professional Property Managers* (*Jak zwiększyć przychody z Twoich inwestycji w nieruchomości. Sekrety profesjonalnych zarządców nieruchomości*). Ma ponad 20-letnie doświadczenie w inwestowaniu i zarządzaniu nieruchomościami wielomieszkaniowymi, zdobyte na ponad 20 tysiącach mieszkań, którymi się zajmował jako inwestor i zarządca.

Ken jest jednym z właścicieli firmy The MC Companies, która ma swoją siedzibę w Arizonie i posiada inwestycje na terenie zachodnich stanów USA. Firma jest grupą utworzoną w celu nabywania, budowy, zarządzania i przekształcania nieruchomości wielomieszkaniowych zarówno na własny użytek, jak i dla innych inwestorów. Obecny portfel inwestycyjny firmy, obejmujący także działalność związaną z zarządzaniem, zawiera ponad 4 tysiące mieszkań, których wartość rynkowa przekracza 250 milionów dolarów (www.mccompanies.com).

Ken jest obecnie członkiem zarządu, działającym jako regionalny wiceprezes Krajowego Zrzeszenia Właścicieli Nieruchomości na rejon 7., na który składa się osiem zachodnich stanów. W 2004 roku był także prezesem zarządu tej organizacji w Arizonie.

Jako członek Światowej Organizacji Przedsiębiorców i Organizacji Młodych Przedsiębiorców Ken zajmował kilka stanowisk w zarządzie i był też prezesem w roku podatkowym 2004–2005.

Bestsellery Roberta Kiyosaki

Bogaty ojciec, Biedny ojciec
Czego bogaci uczą swoje dzieci na temat pieniędzy
i o czym nie wiedzą biedni i klasa średnia!

Kwadrant przepływu pieniędzy
Jak osiągnąć finansową niezależność.

Inwestycyjny poradnik bogatego ojca
W co inwestują bogaci – czego nie robią biedni i klasa średnia?

Mądre bogate dziecko
Pobudź finansową inteligencję swojego dziecka!

Młody bogaty rentier
Jak stać się zamożnym i na zawsze takim pozostać!

Przepowiednia bogatego ojca
Dlaczego nieuchronnie zbliżamy się do największego w historii krachu
na rynku. Jak możemy się do niego przygotować i na nim zarobić.

Kto zabiera Twoje pieniądze
Dlaczego powolni inwestorzy tracą? Co robią ci, którzy zarabiają?

Ucieczka z wyścigu szczurów
Jak stać się bogatym dzieckiem, stosując rady bogatego ojca.

Szkoła biznesu
Dla ludzi, którzy lubią pomagać innym.

Biznes XXI wieku
Pracownik czy przedsiębiorca? Kim lepiej być w XXI wieku?

Zwiększ swój finansowy IQ
Mądrzej zarządzaj swoimi pieniędzmi.

Spisek bogatych
Osiem nowych zasad rządzących pieniędzmi.

Zanim rzucisz pracę
Jak stworzyć biznes wart wiele milionów. 10 praktycznych lekcji,
które powinien znać każdy przedsiębiorca.

Niesprawiedliwa przewaga
Potęga edukacji finansowej.

Dlaczego chcemy, żebyś był bogaty – D. Trump, R. Kiyosaki
Dwóch mężczyzn – jedno przesłanie.

Dotyk Midasa – D. Trump, R. Kiyosaki
Dlaczego niektórzy przedsiębiorcy się bogacą, a większość nie?

Książki z serii „Bogata kobieta" – Kim Kiyosaki

Bogata kobieta
Przejmij władzę nad swoimi finansami,
przejmij władzę nad swoim życiem!

Czas na atak!
Czego tak *naprawdę* potrzebujesz, by stać się finansowo niezależną.

Książki z serii „Doradcy Bogatego ojca"

ABC. Jak inwestować w nieruchomości – K. McElroy
Znajdź ukryte zyski, których większość inwestorów nie dostrzega.

ABC. Jak zbudować zespół, który zwycięża – B. Singer
Kodeks honorowy, który zmieni grupę ludzi w mistrzowski zespół.

Jak napisać biznesplan gwarantujący sukces
Przygotuj biznesplan, który inni zechcą przeczytać,
a potem zainwestują w Twój biznes!

Jak inwestować w złoto i srebro – M. Maloney
Zabezpiecz swoją finansową przyszłość.

Psy sprzedaży – B. Singer
Nie musisz być agresywny, żeby odnosić sukcesy w sprzedaży.

Opanuj swój wewnętrzny głos – B. Singer
Jak w niecałe 30 sekund wygrać wojnę toczącą się w Twojej głowie
i zyskać wyjątkowe życie.

Gra planszowa CASHFLOW ucząca biznesu i inwestowania

Aby zamówić książki lub grę, odwiedź stronę **www.BogatyOjciec.pl**